农田防护林防护效应
遥感监测与评价

邓荣鑫◎著

Monitoring and Evaluation of
the Protective Effect of
Farmland Shelterbelt by
Remote Sensing

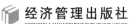

经济管理出版社
ECONOMY & MANAGEMENT PUBLISHING HOUSE

图书在版编目（CIP）数据

农田防护林防护效应遥感监测与评价/邓荣鑫著. —北京：经济管理出版社，2023.6
ISBN 978-7-5096-9064-2

Ⅰ.①农…　Ⅱ.①邓…　Ⅲ.①遥感技术—应用—农田防护林—监测—研究—东北地区　Ⅳ.①S727.24

中国国家版本馆 CIP 数据核字（2023）第 105630 号

组稿编辑：赵亚荣
责任编辑：赵亚荣
一审编辑：张玉珠
责任印制：许　艳
责任校对：陈　颖

出版发行：经济管理出版社
　　　　　（北京市海淀区北蜂窝 8 号中雅大厦 A 座 11 层　100038）
网　　址：www.E-mp.com.cn
电　　话：（010）51915602
印　　刷：唐山玺诚印务有限公司
经　　销：新华书店
开　　本：720mm×1000mm/16
印　　张：9.5
字　　数：132 千字
版　　次：2023 年 6 月第 1 版　　2023 年 6 月第 1 次印刷
书　　号：ISBN 978-7-5096-9064-2
定　　价：68.00 元

前　　言

　　农田防护林是我国平原地区林业的主体，作为农林复合系统的重要组成，农田防护林通过降低风速，改善了农田小气候环境，增加了作物产量，提升了生态效益。因此，农田防护林系统工程建设对保障我国生态安全和粮食安全具有十分重要和长远的意义。

　　如何准确监测农田防护林的防护效应是人们关注的重要问题。相关研究多是在某林带或林网范围内，通过地面观测获取防护效应指标，据此揭示农田防护林的防护距离和防护效应。由于立地条件不同，农田防护林的防护效应也应有所差异，但传统监测方法难以实现更大范围的农田防护林防护效应分析。为从区域尺度分析农田防护林防护效应，遥感监测方法是必要的技术手段。利用遥感技术，不仅能够获取农田防护林信息，而且能够获取地表温湿度、作物产量等定量信息，这都为农田防护林防护效应的区域监测提供了重要支撑。

　　为此，面对农田防护林防护效应大区域监测的需求，本书以我国林网化率最高的区域之———东北地区农田防护林为研究对象，借助遥感监测手段提取农田防护林空间分布信息和防护效应评价的关键参数，从农田防护林所发挥的气象效应、经济效应和生态效应等方面系统地监测和评价东北农田防护林防护效应，探讨农田防护林防护效应的发挥程度，为该区域的粮食安全和生态安全的维护提供科学参考，并为农田防护林的科学经营和管理提供可靠依据。

本书从区域视角研究农田防护林的防护效应，希望能够拓展农田防护林防护效应的研究视野，为农田防护林相关研究提供参考。但由于多种条件的限制，对农田防护林防护效应的遥感监测研究还存在诸多不足，有待今后进一步改进和完善，更期待读者的批评和建议，以促进相关研究的深入和农田防护林防护效益的发挥。

感谢华北水利水电大学对本书出版的支持，感谢中国科学院东北地理与农业生态研究所李颖研究员的理论指导，感谢河南财经政法大学王文娟教授、西安科技大学史晓亮教授、华北水利水电大学杨高博士的技术支持。本书出版得到了国家自然科学基金面上项目（31971723）和河南省高等学校青年骨干教师培养计划项目（2020GGJS101）的联合资助。

由于作者能力有限，不当之处在所难免，敬请读者批评指正。

邓荣鑫

2023 年 5 月

目　　录

第一章 绪 论

第一节 研究目的

农田防护林是在农田景观中，为增强农田生态系统的抗干扰能力而建设的、由树木组成的具有多种功能的廊带网络系统。作为防护林的重要类型之一，该系统可保护土壤免受风蚀，提高作物土壤水分的利用效率，改善农田小气候环境，提高作物产量，并为野生动物提供栖息环境，增加农田系统的生物多样性（Brandle，1986）。因此，农田防护林系统工程建设对我国生态安全、粮食安全和人类生存环境质量的提高具有十分重要和长远的意义。

我国农田防护林营造的历史悠久，据考证，明朝时期的黄淮地区，为御风避寒，已有营造农田防护林的记述；在中华人民共和国成立初期，学者在东北地区考察发现了一百年前当地农民为了防止风沙危害营造的小型自由林网，但分布零散且防护效益较差，自然灾害仍较为严重。自中华人民共和国成立后，我国才开展了较大规模的农田防护林建设，如东北地区西部、内蒙古自治区东部、河北省西部、河南省东部和新疆维吾尔自治区农垦区等地营造的农田防护林。20世纪70年代随着农业方田化、机械化、水利化的发展，提出了山、水、田、林、路综合治理，建立综合农田防护林体系的设想。20世纪70年代末至今先后开展了"三北"、长江中上游、沿海、太行山、黄淮海等地区的大型林业生态工程建设。目前，中国已成为世界上规模最大的林业生态工程建设国家（范志平等，2000）。农田防护林为保障我国粮食增产稳产、维护国家粮食安全、维护农业生态平衡发挥着重要作用。

东北农田防护林是"三北"防护林体系的重要组成部分；同时，东北地区也是我国重要的粮食产区，农田防护林建设在该区发挥的防护效应如何是人们关心的重要问题。面对农田防护林防护效应大区域监测的需求，借助遥感监测手段提取农田防护林空间分布信息和防护效应评价的关键参数，从农田防护林所发挥的气象效应、经济效应和生态效应等方面系统地开展东北农田防护林防护效应的监测和评价，探讨东北农田防护林防护效应的发挥程度，可为该区域的粮食安全和生态安全的维护提供科学参考，并为农田防护林的科学经营和管理提供可靠的依据。

第二节　农田防护林的防护机理

一、风的流动过程

风是空气运动的结果。地球表面温度的不同导致气压的差异，由此产生了风；同时，它还受到地表自转引起的科里奥利力的影响。在全球尺度上，大气循环产生了我们日常的天气模式。在微观尺度上，在接近地表处有一个非常薄的空气层（几毫米甚至更小），在这里，空气的传输过程受到边界层扩散过程的影响。介于这两个尺度之间的就是地表风，它以水平或垂直方向运动，并受地表的影响。地表风可扩展至地面 50~100m，并受混流和紊流的控制。这些地表风影响着风蚀、作物生长和发育、动物健康和一般的农田或牧场环境，当然它也受到防护林的影响。虽然地表风变化多端，其流动性高度紊乱，但风的主体部分在运动时是平行于地面的。由于受到地表摩擦力的影响，风速在土壤表面会接近于 0。摩擦系数与地表类型有关，如植被，其高度、均匀度和可曲性决定了它对风流影响的大小。粗糙表面的阻力较光滑表面更大些，使风速减慢，增加地表附近的涡动性。防护林就可以增加地表的粗糙度，如果设计合理，可以在较大面积内减少风速。

二、风穿过农田防护林的过程

农田防护林在地表作为廊道阻碍风的流动，并改变上风口和下风口的流动模式。当风接近防护林时，一部分空气穿过廊道，其余部分从廊道末端绕过或被迫上升越过防护林，空气被压缩为流线型（见图 1-1）。风向上抬升的转变开始于防护林上风口的某一距离，并使上风面某一区域的风速减少。这个防护距离在 2~8H（H 表示树高）的范围之内。当风接近廊道时，地面气压会增加，并在廊道边缘处达到最大值。当风穿过廊道时，气压减小，并在下风口达到最小值。随后，气压逐渐增加并在 10H 左右处恢复到最初水平。防护林上风向与下风向气压的差值是决定风流变化的因素之一，它也是防护林结构的函数（Brandle，2000）。

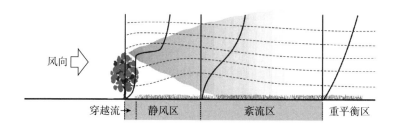

图 1-1　风场在防护林周围流动情况

资料来源：Cleugh 和 Hughes（2002）。

第三节　农田防护林防护效应研究现状

关于农田防护林生态系统的研究有大量的文献，各学者从不同的角度围绕结构与功能这一中心来阐明其基本规律，主要集中于三个主题，即结构、生态功能和经营管理（范志平等，2002）。农田防护林建设的目的就是要改善环境、防风治沙、保护农田、提高农作物产量，因而农田防护林防护效应研究受到了学者们更多的关注。农田防护林最直接的防护效应就是对风速的降低，因此对其的研究也最为充分。林带的防风作用进一步改变了林网内的空气温湿度和土壤温湿度，从而对周围环境产生了影响，因而针对农田防护林温湿效应的研究也较为广泛。林带由于改变了环境，提高了作物的产量，改善了生态环境，许多学者也关注了农田防护林对作物增产和生态环境改善的作用。

国内农田防护林防护效应研究多集中于林带和林网尺度上的地面实测指标对比方面，并得出了一些重要的结论。早期如刘树华等（1994）根据林网内和旷野对照点草地的温、湿、风廓线和湍流观测资料，就林网对廓线分布规律的影响和湍流输送特征进行了分析；范志平等（2010）通过实地空间多点观测，研究了农田防护林带组合方式对近地面风速作用特征的影响；宋翔等（2011）通过对民勤绿洲巴丹吉林沙漠边缘 25 条农田防护林带的详细调查，研究了农田防护林对林带生态环境要素和林下作物生长状况的影响；孔东升等（2014）对设置于黑河流域中游农田防护林网内、外两个地面气象站 8 年的同步观测数据进行了定量比较分析。随着对农田防护林功能研究的深入，很多学者针对农田防护林对土壤养分、盐分、水分等的影响开展了深入研究，如方海燕和吴丹瑞（2018）研究了林带对小流域土壤侵蚀和泥沙沉积的影响，指出小流域内的林带能在一定程度上减少土壤流失；王栋等（2020）研究指出了不同配置的农田防护林网内田间土壤水分具有明显的空间异质性；郝可心等（2022）研究了河套灌区农田防护林网内土壤季节性冻融过程及水盐运移，发现近林带农田土壤盐分积聚程度强于远林带。

国外农田防护林防护效应的研究与国内研究较为类似，多是集中于不同林带结构或者同一林带在不同防护距离的防护效应方面，如 Campi 等（2009）利用风速、蒸散量和作物产量等来研究防护林在不同防护距离情况下的防护效应；Van Thuyet 等（2014）利用三维冠层密度模型和地面实测数据分析了不同防护林结构对风速的减缓效应；Szajdak 等（2018）研究了不同树龄和植物组成的防护林对减少温室气体从土壤释放到大气中的作用；Jaskulska 等（2017）通过土壤采样分析研究了不同防护林年龄对土壤营养物质含量的影响；Geldenhuys 等（2022）研究了不同农田防护林结构对水果质量和产量的影响。

从以上研究中可以发现，以往研究方法主要是基于地面观测，观测的指标主要是地表的风速、水分、温度和作物产量。地面观测只能在较小的尺度上进行，在较大的尺度空间上很难达到同时、同步的观测，从而无法揭示农田防护林在较大空间尺度上的效应规律。遥感（RS）和地理信息系统（GIS）

的发展,为从较大尺度上分析农田防护林防护效应提供了技术手段和数据支持,它可以弥补以上研究的不足,但地面风速很难用遥感手段监测出来,不过地表温湿的变化正是地面风速变化的反映,地面温湿的变化又对作物长势和作物产量产生影响,因此农田防护林主要的防护效应可以通过以下指标来表示:地表温度(热力效应)、土壤水分(水文效应)和作物产量或长势(经济效应)。

目前,利用遥感方法进行农田防护林的研究尚未广泛开展。早期的研究有:高素华等(1991)运用 NOAA 卫星资料对综合防护林体系的温度效应进行了研究;朱廷曜等(1992)利用 NOAA/AVHRR 卫星资料分析了章古台地区不同生境的反射率及地表温度,并研究了防护林体系对辐射平衡和表面温度的影响;王述礼等(1995)尝试采用卫星遥感资料分析地表温度效应,研究发现采用遥感技术分析沿海地区防护林区的温度效应既有效又方便。近年来,利用遥感技术提取农田防护林信息,并从区域尺度进行农田防护林防护效应的研究开始增加,如孙浩等(2018)利用 Landsat 8 影像进行农作物种植结构的解译和蒸散发模拟,研究了农田防护林网分布格局对绿洲蒸散发的影响;张新乐等(2018)基于高精度的遥感影像,采用目视解译和最大似然法获取风灾时的作物倒伏面积,提取了防护林带的 NDVI 指标,并对农田防护林防风效能进行了定量评价;Liu 等(2022)利用 Sentinel-2 数据从大尺度层面估测了农田防护林结构对玉米产量的影响。

RS 和 GIS 的有机结合,尤其是遥感监测的不断发展、地理数据分析功能的不断完善和改进,在较大空间尺度上开展农田防护林防护效应监测并建立分析应用模型,是当前农田防护林研究的热点,也是农田防护林经营和管理的迫切要求。

第四节　农田防护林防护效应指标的遥感研究现状

一、地表温度

陆地表面温度（LST）是一个重要的地球物理参数，它在"地—气"间的物质与能量交换的过程中起着重要的作用。同时，它也是反映地表能量平衡的一个很好的指标，是区域和全球尺度地表物理过程中的一个关键因子，其在气候、水文、生态、环境、生地化学等研究领域中被广泛使用（Chbounia et al.，1997；Chehbouni et al.，2001）。

热红外定量遥感研究的主要目的是精确地获取地表（包括植被、土壤、岩石和水体表面）温度。由于热红外遥感具有不破坏地表热力状态的特点，因此利用热红外遥感来反演地表温度早就被科学家们所重视。早在 20 世纪 60 年代初期发射 TIROS-Ⅱ时，科学家就利用卫星遥感数据反演地表温度。伴随遥感反演研究的深入，学者们相继提出了多种地表温度反演算法，如单通道算法、多通道算法、单通道多角度算法、多通道多角度算法等（李召良等，2016）。

单通道算法：利用卫星遥感的热红外通道数据，根据大气辐射传输方程，借助卫星遥感提供的大气垂直廓线，利用一定的大气模式计算大气辐射和大气透过率，修正大气比辐射率的影响，就可以从遥感传感器所测得的辐射亮度值计算得到地表辐射亮度。在地表发射率已知的前提下，就可以求出地表的温度。这种算法通常用于只有一个热红外波段的遥感数据（如 Landsat-5 TM 影像）。其中，比较有代表性的研究有：Huertado 等（1996）根据地表能量平衡方程和标准气候参数，提出了一种新的大气纠正算法，用于 Landsat-5 TM 影像的热红外波段数据演算地表温度；覃志豪等（2001）根据地表热辐射传导方程，通过一系列的假设，建立了从 Landsat-5 TM 影像的热红外波段中反演温度的算法，该算法比较简单，仅需三个基本参数，但是该算法在参数化过程中使用的数据是标准的大气廓线，并没有使用实时的大气廓线数据；Jiménez-Muñoz 和 Sobrino（2003）提出了一种普适性单通道算法，该算法比覃志豪等（2001）的算法更为简化，仅需要一个大气参数，即大气水汽含量，但是其估算温度的方程是对普朗克函数在某个温度值附近进行一阶泰勒级数展开，在大气影响不重要（即大气水汽含量低）的情况下，可以用在星辐射温度来代替，但在大气水汽含量高的前提下，这种替代会导致较大的误差，需要用其他方法来获取地表温度作为初始输入值。

双通道（分裂窗）算法：分裂窗算法是到目前为止应用最广泛的地表面温度反演方法，尤其是用来分析 NOAA-AVHRR 数据。分裂窗算法的理念可追溯到 Anding 和 Kauth（1970）的研究，它以 $11 \sim 12 \mu m$ 附近两个相邻的热红外波段的不同大气透过特征为基础进行地表面温度的反演。随后，McMillin 和 Larry（1975）利用 $10 \sim 13 \mu m$ 的大气窗口内两个相邻通道对大气吸收作用不同（尤其是大气中水汽吸收作用的差异）的特性，通过两个通道测量值的组合来剔除大气的影响，对大气和地表比辐射率进行订正，获取海面温度值，提出分裂窗算法。分裂窗算法在海面温度反演中很成功，其误差精度可以小于 0.7K，全球范围内的误差精度小于 1K。随着海面温度反演的成熟，分裂窗算法开始用于陆面温度的反演。毛克彪等（2005）在分析热红外遥感和现有的劈窗算法的理论基础上，针对 MODIS 数据对劈窗算法进行了推导，形成了针对 MODIS 数据的地表温度反演的劈窗算法；高懋芳等（2007）利用根据 MODIS 数据反演地表温度的估计方法，由 MODIS 的可见光和近红外波段计算得到大气水汽含量，根据大气透过率与大气水汽含量的关系，采用辐射传输模型 MODTRAN

模拟得到大气透过率。

多通道温度与比辐射率分离算法：Gillespie 等（1998）提出了一种温度、比辐射率分离模型，该模型利用比辐射率与多通道相对比辐射率之间的经验关系来计算地物的绝对比辐射率，从而得到地表温度，其主要缺陷是需要高精度的大气校正和使用经验关系模型。

多角度地表温度算法：从不同的视角观测目标，大气的吸收路径长度是不同的，多角度温度反演方法就是利用目标吸收热红外辐射的差异来消除大气的影响。这种多角度探测可以通过同一颗星的不同角度、不同星的同时探测来实现。Sobrino 等（1996）利用泰勒展开式简化了双角度反演模型。由于自然地表极不均一，在进行多角度观测时，亮温随时间变化很快，所以需要在不同的角度上同时获取同一目标的热红外辐射空间观测值。仅从一个空间平台上要做到这一点是很难实现的。另外，由于不同角度观测的像元分辨率是不同的，所以对数据的配准和重采样造成了困难。大气的影响也与观测的角度有关，这就增加了大气纠正的难度。以上诸多因素的限制及多角度数据获取的困难，使得多角度遥感的反演精度还没有达到应用的要求。

二、土壤湿度和作物干旱

土壤水分是一个重要的环境因子，同时也是气候、水文、生态和农业系统的关键组成要素。土壤含水量随时空的分布和变化对"地—气"间的热量平衡、土壤温度和农业墒情等产生显著的影响，因而土壤水分对气候、农业是极为重要的。采用遥感技术监测土壤水分的方法可分为光学遥感、微波遥感和高光谱遥感等，其中光学遥感由于其数据获取和处理等方面的优势，所以具有较为广泛的应用。利用光学遥感监测土壤湿度和作物干旱的主要方法有三种。

（一）热惯量法

水分有较大的热容量和热传导率，使较湿的土壤具有较大的热惯量，热惯量是地物阻止其温度变化幅度的一个度量，反映了土壤的热学特性，可由光学遥感监测地表温度的变化得到。Watson 等（1971）最早应用了热模型；Price（1982）通过系统的研究，阐述了热惯量的遥感成像原理，提出了经典的表观热惯量的概念，从而使采用卫星提供的可见光、近红外反射率和热红外辐射温度差计算热惯量并估算出土壤水分成为可能；隋洪智和田国良（1990）在能量平衡方程的基础上，提出了可以直接通过卫星资料推算的表观热惯量；马蔼乃（1997）用 NOAA/AVHRR 数据根据表观热惯量，考虑地表温度变化的振幅和相位信息，借助傅里叶级数，推导出了地表的真实热惯量，并利用土壤热惯量与土壤含水量的关系计算出了裸土的土壤含水量；张仁华等（2002）在热惯量模式的改进方面提出了一个具有可操作性的排除显热、潜热输送干扰的热惯量模式，建立了以微分热惯量为基础的地表蒸发全遥感信息模型；刘振华和赵英时（2006）将地表显热通量和地表潜热通量引入热惯量模型中，提高了对表层土壤水的反演精度，也使得热惯量模型的研究范围从裸土扩展到植被覆盖区；Pipunic 等（2008）使用同化方法改进了潜热和显热能量的估测方法，提高了热惯量模型的计算精度。热惯量模型相对更真实地模拟出地面热量传输的过程，因此其反演的精度相对更高些。但是，热惯量计算假设土壤在水平尺度和垂直方向的性质一致，这在现实中是不存在的，在作物稠密的农田中，植被信息掩盖了土壤背景的信息，因此热惯量模型监测土壤水分适合于裸露地或者是植被非常稀疏的地区。

（二）作物缺水指数法

在植被覆盖的地区，土壤水分的盈亏直接影响植被的蒸腾作用，进而导致植被冠层温度发生变化。Idso 等（1981）认为作物在潜在蒸发条件下的冠层温度与空气温度的差和空气的饱和水汽压差具有线性关系，提出了作物水分胁迫指数（Crop Water Stress Index，CWSI）的概念，该方法主要利用热红外遥感温度和气象资料来间接反演作物覆盖条件的土壤水分。我国学者在农业旱灾遥感监测 CWSI 研究方面也取得了一定的成果：张仁华（1986）在国内最早使用红外遥感信息反映作物的缺水状况，通过重新定义潜在蒸发建立了作物缺水的微气象模式；王卫星等（2006）探讨并建立了适合中国华北平原夏玉米的 CWSI 模型；宋廷强等（2021）基于 CWSI 模型，结合地表温度、植被指数、降水量及土壤湿度等多源数据，分析了 CWSI 对构建山东省农业干旱监测模型的影响。CWSI 模型以热量平衡原理为基础，物理意义明确，其使用区域优势明显，精度较高，对植被完全覆盖地区的土壤水分反演精度优于热惯量法。但是作物缺水指数法所需的资料较多、计算复杂；地表气象数据主要来自地面气象站，实时性不强；地表气象数据确定外推的范围和方法也对作物缺水指数法的精度产生了影响。

（三）植被指数法

植被光谱的红光和近红外波段包含了绝大部分的植被信息，两波段的不同组合称为植被指数。归一化植被指数（Normalized Difference Vegetation Index，NDVI）是应用广泛的植被指数之一，土壤水分不足将影响作物的正常生长，并进而表现出植被指数的变化。因此，通过植被指数可以间接反演土壤的水分状况，判断作物的受旱程度。陈维英等（1994）引入距平植被指数监测了我国1992 年特大干旱并取得了较好的效果，他们认为采用距平植被指数监测农作物干旱比只用 NDVI 的瞬时值优越。在分析多年 NOAA/AVHRR 数据的基础上，Kogan（1990）提出植被状态指数（Vegetation Condition Index，VCI）的概念，其认为在作物供水正常时，生长期内作物的植被指数和冠层温度将稳定在一定的范围内。干旱状态下作物根部缺水使蒸腾作用受到抑制，叶面气孔关闭使作物的冠层温度升高，同时作物的生长将受到影响而使植被指数降低，因此地表温度和 NDVI 的结合能够提供地表植被和水分条件信息，可采用温度植被指数（Temperature Vegetation Index，TVI）和植被供水指数（Vegetation Supply Water Index，VSWI）来监测土壤水分的变化。在分析已有的 LST/NDVI 特征空间的基础上，Sandhoh 等（2002）对 TVI 进行了改进，提出了温度植被干旱指数（Temperature Vegetation Dryness Index，TVDI）的概念；柳钦火等（2007）将全国分为六个区，分别确定 LST/NDVI 特征空间，根据特征空间干湿边参数反演土壤湿度，在土壤湿度分布图和全国耕地分布图的基础上得到全国耕地旱情分布图；王鹏新等（2001）提出了条件植被温度指数（Vegetation Temperature Condition Index，VTCI）的概念，但是在利用 VTCI 进行农业旱灾监测时，同样也存在着技术参数精确估计较为困难、对云的反应灵敏等缺点。植被指数法反演土地湿度所用的地面参数较少，反演参数实现也较为简单，但是一个地区的 NDVI 受到当地气候状况、土壤性质、植被类型、地形等影响，对于低密度植被覆盖地区，NDVI 对于观测和照明几何非常敏感，在农作物生长的初始、结束季节，会分别产生对植被覆盖率的过高、过低估计。

三、作物产量和作物长势

（一）作物产量

大区域的作物生长监测和产量预测对于指导农田管理、粮食贸易和农业的可持续发展具有重要意义。与传统的估产方法不同，遥感技术能够方便快速地获取区域尺度上的作物生长信息，从而简化作物估产过程，提高区域作物长势监测的可靠性。遥感估测作物产量的方法很多，其中较为简单且常见的是直接通过产量与遥感光谱指数之间建立的统计回归模型来估测产量。这其中又分为利用光谱波段作为自变量，使用几个波段与实测产量建立的产量预测模型（Tennakoon et al.，1992），以及通过光谱波段之间的分析运算，计算出具有一定指示意义的植被指数，再通过植被指数与作物产量建立的产量预测模型（Huang et al.，2013）。遥感估产的另一种方法是基于遥感反演农学参数，基于农学参数再进行估产（Qader et al.，2018）。例如，通过反演作物的叶面积指数、生物量、净初级生产力等，建立农学指标与产量的关系（Gilardelli et al.，2019）。基于农学参数的方法，在一定程度上描述了作物的生理机制，对作物产量的估测也更加准确，但它仍然包含一定的经验性，在区域推广应用中还存在一定的困难。也有学者通过遥感与气象因子结合开展作物产量预测，如 Franch 等（2015）将积温和时间序列的 NDVI 相结合来预测小麦产量。

（二）作物长势

目前，国内农业遥感的研究重点仍然集中在遥感估产方面。其实，作物长势监测是农业遥感更为重要的任务。长势，即作物生长的状况与趋势（杨邦杰和裴志远，1999）。作物长势是建立在绿色植物光谱理论基础上的，同一种作物由于水热等条件的不同，其生长状况也不一样，在卫星影像上就表现为光谱数据的差异（吴文斌和杨桂霞，2001）。学者们在研究过程中发现，作物长势与遥感资料中的植被指数有很好的相关关系，植被指数的数值变化直接反映植物的长势、覆盖度、季相动态变化等，所以在作物长势监测中，植被指数成为一个公认的能够反映作物生长状况的指标（吴素霞等，2005），其中 NDVI 是最为常用的指标（Ramakrishna and Steve，1997；焦险峰等，2005）。一般作物长势越好的农田，其 NDVI 值也越大，其与作物的叶面积指数和生物量正相关（Roberto and Rossini，1993；Rasmussen，1997；吴炳方，2000）。将作物的 NDVI 值以时间为横坐标排列起来，便形成了作物生长的 NDVI 动态曲线，它以最直观的形式反映了作物从播种、出苗、抽穗到成熟收割的变化过程。作物种类不同，其 NDVI 曲线也就具有不同的特征，同类农作物生长环境和发育状况的变化也会造成 NDVI 时间曲线的波动（江东等，2002）。因此，通过对农作物 NDVI 时间曲线的分析，可以了解作物的生长状况，进而为作物产量的估算提供依据（江东等，1999；李哲和张军涛，2001）。

根据长势监测方法的特点，目前的长势遥感监测方法主要有直接监测方法、影像分类方法、同期对比方法、作物生长过程监测方法、作物生长模型模拟、诊断模型等（蒙继华，2006），其中作物生长过程监测方法的应用较为普遍。高时间分辨率的遥感卫星能够以天为单位对地理过程进行采样，使得农作物的动态连续监测成为可能。吉书琴等（1997）对辽宁省大洼水稻的研究表明，利用 NOAA/AVHRR 通道 1、2 反射率计算的归一化植被指数可对大范围水稻的生长状况进行动态监测；江东等（2002）使用三次多项式对河南省 9 个县的作物 NDVI 过程线进行了拟合，认为农作物生育期内，作物生长状况和生长条件的改变会造成 NDVI 时间曲线产生相应的动态变化，可以利用这一响应关系，根据 NDVI 曲线的变化特征，推测作物的生长发育状况，监测作物长势；张峰等（2004）在构建区域作物生长过程的基础上，构建了作物长势遥感监测时空体系，并发展了作物长势遥感监测的定量指标和提取方法；白燕英等（2019）研究了 NDVI 与增强型植被指数（EVI）随植被覆盖度增加的变化规律，并用 NDVI 和 EVI 分布频率曲线描述不同植被覆盖度像元数量和随时间的变化，来反映一种作物的长势变化规律及不同作物在同一时期的长势差异；赵鑫和那晓东（2022）利用 NDVI 及 EVI 构建了农作物长势综合监测指标，应用差值模型通过与多年作物生长季长势的平均状况进行对比，评价分析了松嫩平原生长季不同月份的作物长势状况。

随着农田防护林防护效应的研究从单个林带或林网的地面观测到景观或区域尺度的扩展，需要借助 RS 和 GIS 技术从区域尺度揭示农田防护林防护效应的发挥程度。依托农田防护林经营学理论，充分发挥 RS 和 GIS 的技术优势，开展农田防护林防护效应的遥感监测和评价，对研究农田防护林在景观尺度上的结构和功能具有重要的科学意义。

第五节　主要内容

围绕农田防护林防护效应遥感监测与评价的目标，以东北农田防护林为研究对象，选择典型区域分析农田防护林防护效应的发挥程度，其主要内容包括四个部分。

一、农田防护林信息遥感提取

选择中、高分辨率多光谱遥感影像，利用人机交互式解译方法提取研究区域的农田防护林信息，并基于农田防护林的防护特征，识别农田防护林防护区域，划分农田防护林防护等级。

二、农田防护林水热效应遥感监测

围绕农田防护林的水热效应，运用遥感方法获取农田防护林信息，使用 MODIS 时间序列数据及 Landsat-8 卫星遥感影像提取研究区域时间序列地表温度、作物干旱等指标，评价农田防护林的温度效应和湿度效应。

三、农田防护林经济效应遥感监测

围绕农田防护林的经济效应，运用遥感方法获取农田防护林信息，使用MODIS 影像监测研究区域作物的生长状况，以作物长势、作物生产潜力和作物产量等作为指标，评价农田防护林对作物长势和作物产量的影响。

四、农田防护林生态效应遥感监测

围绕农田防护林的生态效应，运用遥感方法获取农田防护林信息，以东北地区典型的土壤侵蚀类型——沟蚀作为研究对象，分析农田防护林对侵蚀沟的影响程度，并选择适当的生态效益评价指标，评价农田防护林生态效益发挥的程度。

第二章 农田防护林信息遥感提取

第一节 遥感数据选择

一、遥感影像时相选择

从遥感影像中提取农田防护林信息时，要注意区分农田防护林与作物的差异。因为林地与作物具有相似的植被光谱特征，而且两者一般均分布于耕地中，在作物生长的旺季，会对农田防护林的识别造成较大的影响。但因为两者的物候期不同，即林地的物候期一般大于作物，因此通过分析林地与作物的年内NDVI变化可以确定林地与耕地的最佳区分时段，以此作为选择遥感影像的时间依据。

选择长春地区农田防护林分布区，利用 2007 年 4 月 15 日至 2007 年 10 月 8 日的 Landsat-5 TM 和 Landsat-7 ETM 影像，提取出林地与耕地的 NDVI 变化曲线，从图 2-1 中可以看出，两者变化规律相似，但林地的 NDVI 总体高于耕地。

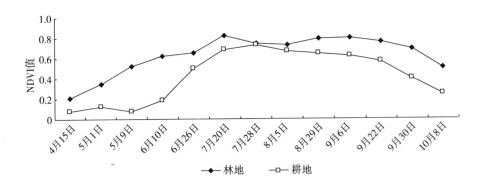

图 2-1　林地与耕地 NDVI 变化曲线

为了更好地比较林地与耕地的变化差异，对两种地物进行差值分析，从图 2-2 中可以看出两者在 5 月 9 日至 6 月 10 日的差值最大，在 9 月 30 日至 10 月 8 日的差值次之。因此，在对东北地区农田防护林信息进行提取时，所选遥感影像的最佳时期应是 5 月和 6 月中上旬，10 月中上旬的遥感影像次之。

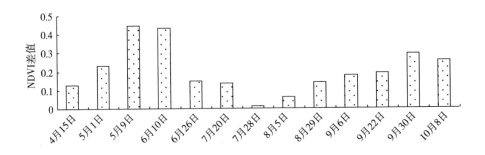

图 2-2　林地与耕地 NDVI 差值

二、遥感数据源选择

经过实地调查，确定农田防护林林下宽度平均在15m左右（含冠幅），需选择使用中分辨率以上的遥感影像进行农田防护林监测。可选择的遥感数据源包括三种（见图2-3）。

（1）中分辨率遥感数据（30m左右）：中分辨率遥感影像在农田防护林监测中虽略有不足，但仍能展现出农田防护林信息（见图2-3（a））。该类型影像的优势是具有较高的时间分辨率，能进行时间序列分析，以便获取农田防护林的生长状态。Landsat系列卫星影像、我国资源一号系列卫星影像等是较为理想的选择，尤其是Landsat系列影像，其30m分辨率影像最早可追溯至1984年，能够更好地满足农田防护林长时间序列分析的要求。

（2）中高分辨率遥感影像（10~20m）：相较于中分辨率影像，中高分辨率遥感影像可以更好地反映出农田防护林林带结构的外部信息（见图2-3（b）），如林带完整性。SPOT5影像、Sentinel系列多光谱卫星影像及我国高分一号卫星影像等均可用于农田防护林的信息提取。与Landsat系列影像相比，其可以更精细地分辨各类地物的细节，提高定量遥感分析的准确度，能够更好地反映农田防护林的信息。

（3）高分辨率遥感影像（<5m）：高分辨率遥感影像对农田防护林的识别具有较高精度（见图2-3（c）），其可以反映出农田防护林内部结构信息，如保存率、林隙等，可用于农田防护林林带结构的地面参照和精细识别，因此该遥感影像能够尽量精确地反映农田防护林信息，可选择的影像包括我国高分二号卫星影像、吉林一号卫星影像等，更高分辨率的商业卫星（如QuickBird、IKONOS等），如果考虑到价格成本，其性价比远低于我国高分系列的卫星影像。

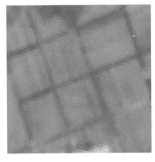  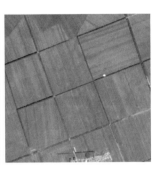

（a）30m Landsat-8 OLI影像　　　（b）10m SPOT5影像　　　（c）3m吉林一号影像

图2-3　不同空间分辨率影像中的农田防护林信息

注：图中线状地物为农田防护林。

第二节　农田防护林遥感信息提取

一、目视解译

（一）农田防护林的识别标志

农田防护林的特点是分布于耕地内，具有植被特征的线状地物，并具有较规则的网状结构（见图2-4）。因此，其在遥感影像的标准假彩色波段组合中的颜色表现为红色（图2-4（b）中的深色格网）；在高分辨率遥感影像中有较为明显的阴影，在中分辨率影像中阴影特征不明显；农田防护林长度在300～500m，宽度一般在10～20m，在中高分辨率影像中垂直林带方向一般占1～3个像元；形状为线性；由于宽度较小，因此纹理特征不明显；农田防护林分布于耕地中，在作物生长季内判别时，会受到作物的干扰，较难区分；在农田防护林分布较多的地区，农田防护林带相互交叉，会形成较为规则的网状结构。

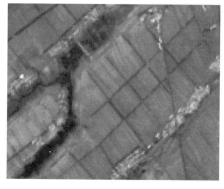

（a）数码相机摄像　　　　　　　　　　（b）标准假彩色合成影像

图 2-4　农田防护林及其遥感特征

注：子图（b）中的深色格状线条原为红色，因无法彩印，这里显示为深色线条。

（二）农田防护林的人工目视解译

依据农田防护林的识别标志，对农田防护林进行人工目视解译，针对农田防护林的特点，从农田防护林经营角度制定农田防护林的解译标准：

（1）农田防护林按线状地物进行提取。

（2）对于规则林网，应使其闭合，并在交点处断开。

（3）对于连续性较差的农田防护林带，应将其作为一条完整的林带划出。

（4）对于由于更新、砍伐等原因而在遥感影像上没有显现出来的农田防护林带，应划出。

二、农田防护林的自动提取方法

农田防护林自动识别时应重点区分以下地物：作物、道路、片状林地。由于在遥感影像的选择过程中已经尽量选择作物播种期或收获期，其与农田防护林较易区分；道路具有线性特征，与农田防护林形状相似，道路两侧或单侧的护路林，其兼有护田功能，也将其归为农田防护林，对于道旁无林的道路，可以通过植被特征进行区分；片状林地也具有植被特征，尤其对于小片林，其与农田防护林较难区分，但一般片状林的线性特征不明显，利用该特点可将两者区分。因此，根据农田防护林的特点，主要选择植被指数和形状指数指标进行农田防护林的自动识别。

（1）植被特征提取：主要用于区分农田防护林与道路。植被指数的数值变化直接反映着植物的长势、覆盖度、季相动态变化等，所以在植被信息提取中，植被指数成为一个公认的能够反映作物生长状况的指标。其中，NDVI 是最为常用的指标，即：

$$NDVI = (NIR-R)/(NIR+R) \tag{2-1}$$

式（2-1）中，NIR 是近红外波段光谱反射率值，R 是红光波段光谱反射率值。一般长势越好的植被，其 NDVI 值越大。

（2）线状特征提取：主要用于区分农田防护林与片状林地。在中高分辨率遥感影像上，农田防护林宽度一般为 1~3 个像元，形状为线性。这种形状上的差异可以用形状指数来衡量，一般来说，线性物体的形状指数较小。形状指数 I 的定义如下（黎夏，1995）：

$$I = \sqrt{S}/P \tag{2-2}$$

式（2-2）中，I 为形状指数，S 为图斑面积，P 为周长。圆的形状指数大于 0.25，正方形的形状指数等于 0.25，长方形的形状指数小于 0.25，线性地物的形状指数更小，一般小于 0.1。因此，一般可以使用形状指数进一步提取线性信息。

基于以上两个指标，邓荣鑫等（2011）选择长春市德惠地区作为试验区，使用 2008 年 6 月 12 日的 Landsat-5 TM 遥感影像，利用决策树方法提取出农田防护林信息，并利用野外数据对提取结果进行验证，总体识别精度为 85.5%。决策树是遥感图像分类中的一种分层处理结构，其基本思想是通过一些判断条件对原始数据集逐步进行二分和细化。其中，每一个分叉点代表一个决策判断条件，每个分叉点下有两个叶节点，分别代表满足和不满足条件的类别。这种方法不仅不需要依赖任何先验的统计假设条件，而且可以方便地利用除亮度值以外的其他指标，所以在遥感影像分类和专题信息提取中已有广泛的应用（Simard et al.，2000；王建等，2000）。使用决策树方法识别农田防护林的流程如图 2-5 所示。

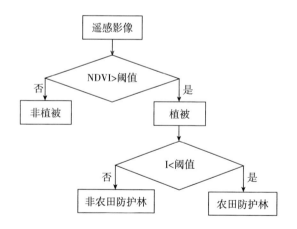

图 2-5　决策树分类流程

基于多光谱影像进行农田防护林信息的提取受到时间的限制，农田防护林提取的最佳时段是在作物出苗早期，一旦作物长成，将会与林地信息混淆，从而为农田防护林的信息提取增加困难。在农田防护林信息提取中，如何使遥感数据在时间上有更大的适用范围，还需要学者们进行更加深入的研究。

第三节　东北地区农田防护林景观结构评价

以东北农田防护区作为研究区域，以 Landsat 系列遥感影像作为数据源，利用人工目视解译方法提取出 1990 年前后、2000 年前后和 2010 年前后三期农田防护林和土地利用数据，选择带斑比、连接度和优势度作为农田防护林景观指标，选择耕地面积比、破碎度作为耕地景观指标，基于格网方法对各景观指标进行空间化，分析农田防护林空间布局和变化过程，以及耕地空间形态及变化对农田防护林的影响，为在农田景观中更科学地开展农田防护林规划和管理提供参考。

一、研究区概况

东北农田防护林防护区域参考林业部①三北防护林建设局（1992）对东北农田防护林防护范围的确定。东北农田防护林范围位于 115°E~130°E，40°N~50°N，包括内蒙古自治区东部和黑龙江省、吉林省和辽宁省西部的部分区域。该区域冬季严寒且漫长，夏季炎热且多雨。对农业生产危害最大和最严重的是风灾和风沙危害（朱金兆等，2010），春季经常出现 7~8 级西南大风，对农业

---

① 1998 年 3 月 10 日，第九届全国人大一次会议通过国务院机构改革方案，林业部改为国家林业局；2018 年 3 月，根据第十三届全国人大一次会议批准的国务院机构改革方案，将国家林业局的职责整合，组建国家林业和草原局。

生产造成重大影响，因此农田防护林建设十分必要。自"三北"防护林工程开展以来，通过多年坚持不懈的建设，该区域农田防护林体系已初具规模，建成了集中连片的农田防护林体系，发挥着越来越明显的生态、经济和社会效益。本区域土地资源丰富、土壤肥沃、地势开阔平坦，林网设计主要采用宽林带、大网格的模式（梁宝君，2007）。农田防护林所采用的造林树种以杨（Populus spp.）、柳（Salix babylonica L.）、榆（Ulmus pumila L.）为主，其中又以杨类占绝对优势（李昕等，1991）。

二、遥感数据处理

选择30m×30m空间分辨率的Landsat系列遥感影像用于农田防护林的信息提取。1990年和2010年前后的遥感影像选择Landsat-5 TM数据，2000年前后的遥感影像选择Landsat-5 TM和Landsat-7 ETM数据。对遥感影像进行辐射校正和几何精校正，几何精校正的误差小于0.5个像元。首先，基于研究区2010年前后的遥感影像，采用人工目视解译方法进行农田防护林的信息提取，农田防护林以线状矢量信息表达；由于所选影像空间分辨率适中，获取日期适宜，农田防护林特征较为明显，经实地验证，解译精度高于95%。其次，以2010年前后的农田防护林提取结果为基础，使用人工目视解译方法更新2000年前后的农田防护林信息；新增和减少的农田防护林分别标记，未变化的农田防护林无须标记。最后，以2000年前后的农田防护林更新结果为基础，使用同样方法更新1990年前后的农田防护林信息。

土地利用数据来源于中国土地利用现状遥感监测数据库。该数据库是在国家科技支撑计划、中国科学院知识创新工程重要方向项目等多项重大科技项目的支持下经过多年的积累而建立的覆盖全国陆地区域的多时相土地利用现状数据库。从中获取研究区1990年、2000年、2010年三期土地利用数据，数据生产制作是以各期 Landsat TM/ETM 遥感影像为主要数据源，通过人工目视解译生成。

三、景观指标

（一）农田防护林景观指标

林网在景观上的布局用景观生态学中描述网络特征的指标来度量。作为由防护林带相互连接而成的农田防护林网络系统，该系统的节点就是每 2 条或 2 条以上的林带连接点和交叉点及单条林带的端点，连边就是两个节点之间的林带。度量景观水平上农田林网的空间布局主要使用林网的连接度、环通度、带斑比、优势度等指标（周新华和孙中伟，1994；关文彬等，2004）。

（1）林网带斑比：带斑比是防护林带面积与需被防护斑块面积之比，是从林网面积和数量方面度量林网在景观中丰盛程度的指标，近似于林网对需要被防护的斑块的覆盖率，是在宏观上度量防护林的总量指标，其值的大小直接反映了林带的比例。其计算公式为：

$$P = S_b / A \qquad (2\text{-}3)$$

式（2-3）中，P 为林网带斑比，S_b 为林带面积，A 为需要被防护的斑块面积。

（2）林网连接度：林网连接度表示林网在农田景观中网络化状态及成型状况，它表达了农田防护林体系网络完整与否，也是农田防护林能否有效的一个决定因素。

连接度的计算公式为：

$$Q = [N_b - (n-1)] / L_{MAX}(V) \qquad (2\text{-}4)$$

式（2-4）中，Q 为林网连接度；N_b 为主副林带数之和；n 为未建林网时景观中需要被防护的斑块数；$L_{MAX}(V)$ 为林网最多林带（连边）数，它是节点数 V 的函数。

（3）林网优势度：优势度可被用来度量林网在景观中的数量及其分布的均匀程度，确定林网在景观中的地位及对景观基质的影响。一般认为，系统的优势度取决于其相对多度、频度和盖度。计算公式为：

$$D = \left[(R_d + R_f)/2 + R_e \right]/2 \tag{2-5}$$

式（2-5）中，林网的相对多度 $R_d = N_b/(N+M+N_b-n)$；林网频度 $R_f = A/S$；林网盖度 $R_e = S_b/S$。D 为林网优势度；N 为未建防护林之前整个景观中斑块和廊带的总数；M 为林网建成后景观中被防护斑块的数量；S 为景观总面积。

（二）土地利用指标

选择耕地面积比（PF）和破碎度（CF）这两个景观指标来衡量研究区域的耕地景观格局。

（1）耕地面积比用于描述耕地数量或密度，其计算公式为：

$$PF = \frac{S_f}{S} \tag{2-6}$$

式（2-6）中，S_f 为评价单元内耕地面积，S 为评价单元面积。

（2）破碎度用于描述耕地破碎化程度，其计算公式为：

$$CF = \frac{N}{S_f} \tag{2-7}$$

式（2-7）中，N 为评价单元内耕地数量。

四、农田防护林景观格局分析

（一）农田防护林网景观指数的空间化

按照格网法，将研究区域划分成 20km×20km 的格网，分别计算每个格网的耕地和农田防护林景观指数，并按照等密度分割的原则，实现研究区域耕地和防护林景观指数的空间化。从宏观上来看，三期耕地和防护林空间分布的格局没有明显变化。以 2010 年数据为例，农田防护林和耕地主要集中于东部松辽平原地区，该区域地势平坦，耕地密度高，破碎度小，同时农田防护林密度高，优势度和连接度相对较好；中西部处于大兴安岭山地，耕地面积密度小，破碎程度较高，林带分布同样呈现出密度小、优势度低、连接度差的特点；西北部部分区域处于呼伦贝尔高原区，该区耕地面积更少，但农田防护林分布相对大兴安岭地区要好。从分析中可以发现，农田防护林与耕地在空间上具有一定的相关性，为明确这种相关程度，下面从数值上分析农田防护林和耕地景观指标的相关性。

（二）农田空间形态与农田防护林网的关系

针对各期数据，基于格网单元内耕地和农田防护林景观指标值，分别生成耕地和农田防护林景观指标的散点图。三个时期的农田防护林和耕地景观指标间具有相似的统计关系，同样以 2010 年数据为例分析各指标间的相关关系（见图 2-6）。从相关性分析结果来看，农田防护林指标与耕地指标间并无显著的相关性［决定系数（R^2）均在 0.50 以下］，但从图 2-6 中可以发现耕地景观指数对农田防护林各指标具有影响：在图 2-6（a）中，农田防护林带斑比极小值随耕地面积比无明显变化，极大值随耕地面积比增大有增加趋势。也就是说，单位面积耕地较多的区域会存在农田防护林密度较小的情况，但更大的耕地面积会具有更多的农田防护林数量。农田防护林优势度也具有相似的特征（见图 2-6（b）），而且农田防护林优势度随耕地面积增加而增加的趋势更为明显。连接度与耕地面积比的关系与其他防护林指标不同（见图 2-6（c）），表现为农田防护林连接度极大值随耕地面积比的增加无明显变化，即无论耕地面积大小，都可能存在着较好的林带连接度，但极小值随耕地面积的增加呈现上升趋势，

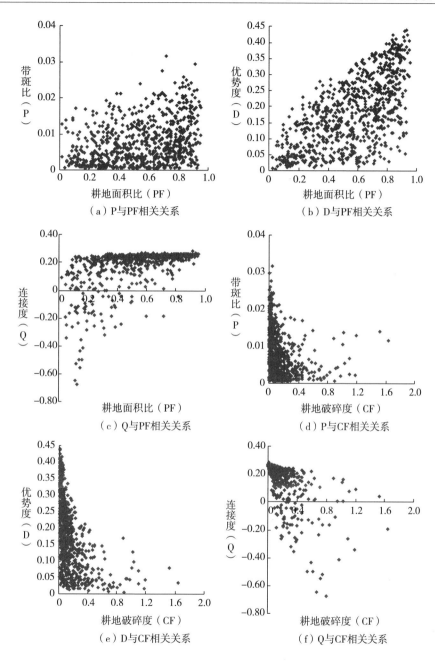

（a）P与PF相关关系　　　　　（b）D与PF相关关系

（c）Q与PF相关关系　　　　　（d）P与CF相关关系

（e）D与CF相关关系　　　　　（f）Q与CF相关关系

图 2-6　2010 年农田防护林与耕地各景观指标关系

即随着耕地面积的增加，农田防护林的连接度会增强，而且变得更为稳定。耕地破碎度对农田防护林各景观指标的影响呈现出与耕地面积比相反的趋势：在图 2-6（d）和图 2-6（e）中，随着耕地破碎度的增加，带斑比和优势度较高的林带主要分布于破碎度较低的耕地中，随着耕地破碎度的增加，林网密度和均匀程度会明显降低。林网连接度与耕地破碎度呈现三角形的变化关系（见图 2-6（f））：连接度较好的林带同样主要分布于耕地破碎度较低的地区，随着耕地破碎度的增加，林网连接度的最大值和最小值均呈现减少的趋势，即随着耕地破碎度的增加，林网连接度会变得更差；当耕地破碎度进一步增加时，林网变得更为稀疏，林网连接度逐渐趋于零值。

五、农田防护林时间变化分析

（一）农田防护林数量变化

整体而言，农田防护林长度在 1990~2010 年增加了 10% 左右。但在这个时期的两个阶段，农田防护林呈现两种变化趋势：在 1990~2000 年，林带长度增加了 13.2%，而在 2000~2010 年，林带长度下降了 2.8%。这种变化和"三北"防护林工程的实施阶段存在关系：1978~2000 年为"三北"防护林工程的第一阶段，这个阶段的主要任务是大量种植防护林，构建防护林网，因此该阶段农田防护林面积增加明显；2000 年后，大量农田防护林进入过熟林，而且由于人为破坏和病虫害等原因，农田防护林缺失严重，虽然该阶段农田防护林建设也有大量更新工作，但防护林减少的面积更多。另外，由于遥感影像较难识别刚完成更新的林带，造成某些新更新林带未能被识别，这也是造成该期间林带减少的部分原因。

为了更好地分析农田防护林的变化情况，同样使用格网法，生成 1990~

2000年农田防护林总体变化图（见图2-7（a））。在图2-7（a）中格网内，长度变化小于500m认为该格网防护林无变化，负值表示防护林长度减少，正值则表示增加。农田防护林增加区域主要集中于东部松辽平原农业区，以及西北部内蒙古自治区高原牧区；防护林减少区域同样在东部松辽平原农业区较为集中，西南部农牧交错区也有减少。农田防护林总体变化包括新建农田防护林和减少防护林，在这个时期内，新增农田防护林26.3%，减少13.1%，其增加和减少的林带分布见图2-8（a）和图2-8（b）。我们发现，新增和减少的农田防护林区域分布较为相似，均主要集中于东部松辽平原农业区。

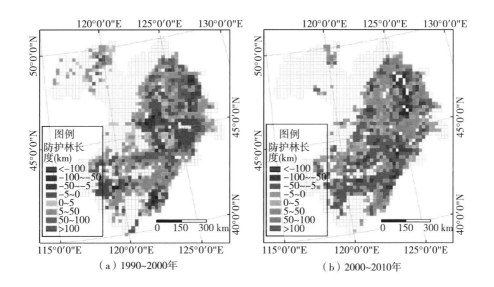

（a）1990~2000年　　　　　　　（b）2000~2010年

图2-7　农田防护林总体变化

2000~2010年农田防护林总体变化见图2-7（b）：与前一时期相比，农田防护林减少的区域明显增多，而且与之前农田防护林变化有相反趋势，即1990~2000年农田防护林增加的区域在2000~2010年有所减少，减少的区域又有所增加，这可能与农田防护林老龄化有关。在该时期，新增农田防护林

14.9%，减少 17.7%，增加和减少的农田防护林分布见图 2-8（c）和图 2-8（d）：同样地，新增农田防护林区域和减少区域分布较为相似，主要集中于东部松辽平原农业区。

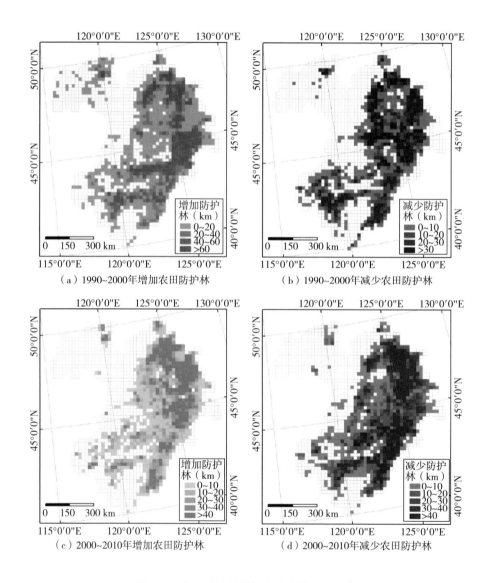

（a）1990~2000年增加农田防护林　　　　　（b）1990~2000年减少农田防护林

（c）2000~2010年增加农田防护林　　　　　（d）2000~2010年减少农田防护林

图 2-8　农田防护林增加或减少的空间分布

（二）耕地面积变化对农田防护林的影响

农田防护林变化主要受防护林工程建设规划等政策因素、防护林生长周期和立地条件等自然因素的影响。同时，农田防护林分布于耕地之中，随着土地利用（尤其是耕地）的变化，分布于耕地中的农田防护林必然也随之增加或减少，这种人类活动对农田防护林的影响容易被忽视。因此，有必要分析耕地变化对农田防护林变化的影响。

以格网为单元，分析农田防护林变化与耕地变化的相关性。结果发现，1990~2000 年与 2000~2010 年两者的散点图类似，以 2000~2010 年为例进行说明，结果如图 2-9 所示。从图 2-9（a）中可以发现，数据点较为集中地分布于低值区域，即农田防护林增加主要集中于耕地增加面积较小的区域；农田防护林增加与耕地面积增加呈现负相关的趋势，即在耕地面积增加较大的区域，农田防护林增加数量反而较少。为找出相关原因，生成研究区域的耕地面积变化图（见图 2-10）。从图 2-10 中可以发现，耕地变化主要发生于中西部农林交错带和西南部农牧交错带上，该区域耕地变化明显，但农田防护林分布相对较少，

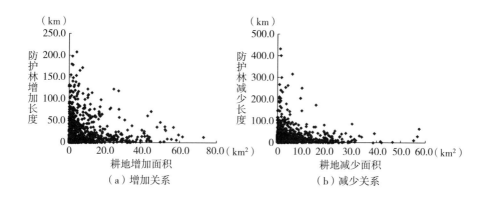

（a）增加关系　　　　（b）减少关系

图 2-9　2000~2010 年农田防护林与耕地变化关系

农田防护林增加数量也相对较少；农田防护林增加较大的区域集中于东部松辽平原农业区，而该区域耕地面积相对较为稳定，变化并不明显。因此，从整体上来讲，农田防护林增加与耕地面积增加之间并无显著联系。从图2-9（b）和图2-10（b）可以发现，农田防护林减少和耕地面积减少之间的关系与农田防护林增加和耕地面积增加之间的关系具有相似的特征，在此不再赘述。

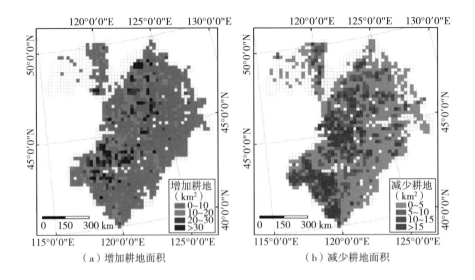

（a）增加耕地面积　　　　　　（b）减少耕地面积

图2-10　2000~2010年耕地面积变化

为了进一步探索耕地与农田防护林变化间的关系，分析在增加或减少的耕地内的农田防护林变化情况。将农田防护林变化数据与耕地变化数据相叠加，统计农田防护林随耕地变化的情况：如果新增的防护林位于新增的耕地中，则认为该部分增加的林带与耕地有关，如果不是，则是其他原因增加；同理，如果减少的林带位于减少的耕地中，则认为林带的减少与耕地有关，如果不是，则是其他原因减少。

结果显示，在1990~2000年，在新增的农田防护林中，有4.2%的林带是随着耕地的增加而增加的；在减少的农田防护林中，1.6%的林带是随着耕地的减少而减少的。以格网为单元分析随耕地变化而变化的农田防护林与耕地间的关系（见图2-11）。图2-11（a）显示，随耕地增加而增加的农田防护林集中于耕地增加较小的区域，而且对应农田防护林增加也较小，随着耕地面积的增加，在新增耕地中增加的农田防护林呈现上升趋势，但随着耕地面积的进一步增加，新增的农田防护林逐渐减少；图2-11（b）显示，随耕地减少而减少的农田防护林同样集中于耕地变化较小的区域，随耕地减少面积的增加，减少的农田防护林也呈现先增加后减少的趋势。

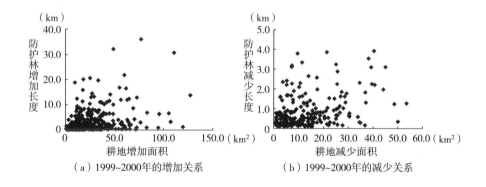

（a）1999~2000年的增加关系　　　　（b）1999~2000年的减少关系

图2-11　1990~2000年随耕地变化而变化的农田防护林与耕地间的关系

在2000~2010年，农田防护林随耕地变化呈现相似的趋势。有2.5%的林带是随着耕地的增加而增加的；在减少的农田防护林中，0.7%的林带是随着耕地的减少而减少的。随耕地变化而增加或减少的农田防护林均较前一时期有所降低，但随耕地变化而变化的农田防护林与耕地间的关系呈现相似特征，如图2-12所示。

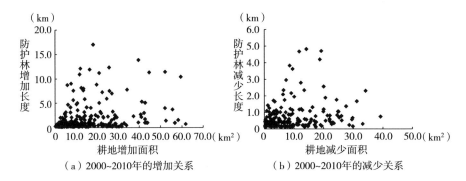

图 2-12   2000~2010 年随耕地变化而变化的农田防护林与耕地间的关系

（三）农田防护林景观指标变化

以上分析主要是针对农田防护林长度的变化情况，下面分析农田防护林景观指标变化情况。总体来看，农田防护林景观指标变化并不明显（见图 2-13（a）），尤其在 2000~2010 年，带斑比（P）略有降低，优势度（D）和连接度（Q）略有升高，说明该时期农田防护林在数量、分布的均匀程度和连接程度上均无明显变化，这个时期农田防护林进一步老龄化，但林带更新较为及时，使得研究区域的农田防护林网状态较为稳定；相对而言，1990~2000 年景观指标变化较大，各指标均有一定程度的增加，说明该时期农田防护林的建设成效较为明显，林网景观结构有所优化。

研究区域的耕地景观指标变化如图 2-13（b）所示，该区域耕地面积比（PF）持续增加，破碎度（CF）持续降低，并且 2000~2010 年增加或降低的幅度较前一时期有所减缓。总体来看，农田防护林与耕地景观指标间的变化有相似之处，但是通过以格网为单元分析两者间各指标的相关性发现，两者间并无明显相关关系。

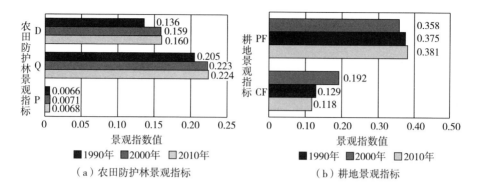

（a）农田防护林景观指标　　　　（b）耕地景观指标

图 2-13　1990~2010 年农田防护林和耕地景观指标变化

　　周新华和孙中伟（1994）将景观生态学中描述网格特征指标引入农田防护林景观结构评价中，从林网成型状况、数量及分布均匀程度等方面综合描述和度量了林网在较大尺度上的布局状态。在相关研究中，景观布局的合理性一般是建立理想状态下农田防护林格网，通过与理想状态下景观指标的对比来进行评价。但是由于地表覆被的复杂性，实际的林网结构与理想状态下林网结构往往有较大的差异。由于研究区域较大，立地条件差异较大，并未建立理想状态下的林网并进行对比，而是使用空间化方法，展示了农田防护林景观结构的空间分布状况，突出了农田防护林分布现状的空间差异性，便于更好地评估农田防护林景观分布状态。

第四节　典型区不同数据源提取农田防护林信息对比

　　遥感技术已经成为景观尺度提取农田防护林信息的重要手段。随着遥感空间分辨率的提高，可以更精细地获取农田防护林信息，但同时必然造成调查成本的增加。因此，应根据研究目的的不同来选择合适的遥感数据。为对比不同数据源对农田防护林的提取效果，选择 30m 空间分辨率的 Landsat-5 TM 与融合后 2.5m 空间分辨率的 SPOT5 卫星影像进行农田防护林信息提取，并分析不同空间分辨率影像的提取结果，为进行农田防护林调查和研究时，针对不同目的进行遥感数据源选择提供科学参考。

一、研究区域选择与数据处理

（一）研究区域选择

在长春地区的农田防护林建设区选择 SPOT5 遥感影像作为研究区域，包括德惠和农安的部分地区（该影像覆盖的九台地区不属于农田防护林防护区，故未予考虑），该地区地处松辽平原，主要气候属寒温带半湿润大陆性季风气候，风蚀危害比较严重。该地区农田防护林自 1978 年实施"三北"防护林体系建设工程以来，已基本实现了农田林网化，为促进农业生产发展和区域经济增长起到了重要的作用。

（二）农田防护林数据生成

选择的影像为 2008 年 6 月 12 日的 Landsat-5 TM 影像和 2007 年 4 月 29 日的 SPOT5 影像。Landsat-5 TM 影像使用多光谱波段进行标准假彩色合成，SPOT5 影像使用与 2.5 米全色波段融合后的影像。使用人机交互的方法分别进行基于 Landsat-5 TM 影像和 SPOT5 影像的农田防护林解译，得到解译结果。

（三）土地利用数据生成

为了更为精细地分析不同分辨率影像下农田防护林景观指标的差异，两种分辨率的土地利用数据基于人工目视解译方法获取。

基于 Landsat-5 TM 遥感影像的土地信息解译精度按照 1∶100000 比例尺数据标准实施，参考国内外全球变化（包括 LUCC）研究中土地利用分类体系，结合研究目的、数据源的特点和研究区状况，制定了耕地、林地、草地、水域、建设用地、未利用地 6 类一级类及 19 个二级类的土地利用分类体系。具体分类体系及指标参见刘纪远等（2003）的研究。耕地、建设用地等类型，按照 2mm×2mm 的上图标准，相当于陆地卫星 Landsat-5 TM 数据的 6×6 个像元，林地、草地、水域、未利用土地等上图标准为 15mm^2，约 12×12 个像元（张树文等，2006），得到解译结果。

基于 SPOT5 遥感影像的土地信息解译精度按照 1∶10000 比例尺数据标准实施，最小图斑上图面积标准参考第二次全国土地调查技术规程（中华人民共和国国土资源部，2007）：城镇村及工矿用地为图上 4mm^2，耕地、园地为 6mm^2，林地、草地等其他地类为 15mm^2。

二、不同数据源农田防护林提取结果的对比

运用景观指数分析的方法定量评价和度量景观水平上农田防护林网的空间布局状况，主要从数量、成型状况及分布均匀程度等方面，用林网的带斑比（P）、连接度（Q）、优势度（D）等指标来进行度量和分析评价。

（一）农田防护林数量对比

从林带长度上，SPOT5 数据解译的农田防护林林带长度为 3390km，要少于 Landsat-5 TM 数据的 3664km，而从林带条数来看，SPOT5 数据解译的林带条数为 7064 条，多于 Landsat-5 TM 数据的 6545 条。这两者看似较为矛盾，其实这与两个影像的空间分辨率有关，由于 SPOT5 融合后影像的空间分辨率达到了

2.5m，所以对于一条存在断口的防护林带，SPOT5 数据能够较为明显地反映出来，而 Landsat-5 TM 数据空间分辨率为 30m，可能就无法反映。所以同一条林带，SPOT5 可能用多条来表示，而 Landsat-5 TM 可能只是一条，这就造成 SPOT5 数据的林带条数多，但长度却少于 Landsat-5 TM 数据。从两者的误差比较来看，林带长度的相对误差为 7.5%，林带条数的相对误差为 7.9%。因此，虽然利用 SPOT5 与 Landsat-5 TM 影像进行农田防护林解译在数量上存在差异，但两者的这种差异在可接受的范围之内。

（二）农田防护林景观指标对比

利用农田防护林数据与土地利用数据，分别计算了 SPOT5 农田防护林数据与 SPOT5 土地利用数据、Landsat-5 TM 农田防护林数据与 Landsat-5 TM 土地利用数据、SPOT5 农田防护林数据与 Landsat-5 TM 土地利用数据、Landsat-5 TM 农田防护林数据与 SPOT5 土地利用数据等不同组合的农田防护林景观指标（见表 2-1）。Shi 等（2011）计算了林网在合理状态下带斑比、连接度和优势度的计算结果分别为 0.035、0.531、0.351，姜凤岐等（2003）认为林网各实际指标值在其合理值的 0.85~1.15 倍时属于优质林网。以此为标准，分析研究区域内林网的景观布局状况，通过计算得出，优势度在优质林网的范围之内，表明研究区域现有农田防护林的分布较为均匀；但带斑比和连接度误差较大，说明研究区域农田防护林数量与面积不足，主副林带条数不足，成型状况较差。

表 2-1　根据 SPOT5 与 Landsat-5 TM 影像计算的农田防护林景观指标值

编号	农田防护林 数据源	土地利用 数据源	带斑比 （无量纲）	连接度 （无量纲）	优势度 （无量纲）
1	SPOT5	SPOT5	0.016	0.359	0.312
2	Landsat-5 TM	Landsat-5 TM	0.017	0.439	0.397
3	SPOT5	Landsat-5 TM	0.016	0.426	0.400
4	Landsat-5 TM	SPOT5	0.018	0.364	0.308

以下分析 SPOT5 数据源与 Landsat-5 TM 数据源对各指标的影响。从表 2-1 中可以发现，对于带斑比，四种情况下得出的带斑比几乎一致，可见基于 SPOT5 与 Landsat-5 TM 数据源解译的农田防护林数据在数量方面基本一致，并无显著差异；对于连接度，编号 1 和编号 4 两种结果较为一致，编号 2 和编号 3 两种结果较为一致，可以得出，不同数据源解译的农田防护林数据对连接度指标无显著影响，而不同数据源解译的土地利用数据对连接度指标影响较大，其相对误差约为 16%。此外，Landsat-5 TM 解译的土地利用数据计算值高于 SPOT5 数据，这是因为 Landsat-5 TM 解译的土地利用数据斑块综合大于 SPOT5 数据，使研究内斑块数量相对较少，计算得到的连接度较大。对于优势度，编号 1 和编号 4 两种结果较为一致，编号 2 和编号 3 两种结果较为一致，可以得出，不同数据源解译的农田防护林数据对优势度指标无显著影响，而不同数据源解译的土地利用数据对优势度指标影响较大，其相对误差约为 22%。通过计算分析，不同数据源解译的土地利用数据对林网频度和林网盖度的影响不大，主要是对林网相对多度的影响，利用 Landsat-5 TM 数据解译的土地利用数据斑块数少于 SPOT5 数据，因此使计算的相对多度变大，从而使利用 Landsat-5 TM 解译的土地利用数据所计算的林网优势度值高于 SPOT5 数据。

第三章 区域尺度基于实测数据的 农田防护林防护效应评价

在基于田间尺度利用野外实测方法进行农田防护林防护效应评价时，很多研究是基于单一气候、土壤条件下的单个林带，并没有对不同气候、土壤条件下的农田防护林防护效应进行比较。在开展农田防护林防护效应遥感监测之前，作为对比，要基于实测数据在区域尺度层面上进行农田防护林防护效应评价。选择吉林省中部平原农田防护林建设区作为研究区域，设定好、中、差三个研究样区，并对各区域内农田的地表温度、湿度、气温、作物产量等进行地面实测，通过比较不同等级农田防护林防护下作物生长温湿条件和作物产量的差异，分析农田防护林的防护效应。

第一节 研究区域及样点布设

在半湿润区的松嫩平原农田风害区中，以吉林省农田防护林典型地区——德惠市、农安县、扶余市和榆树市等所辖范围作为研究区域。研究区位于124°

$23'27''$E~$127°13'13''$E，$43°41'42''$N~$45°32'54''$N，该区域位于东部低山丘陵向西部台地平原的过渡地带。平原面积较大，台地略有起伏，地势平坦。除东部有小面积的低山丘陵，绝大部分为台地，第二松花江、饮马河、伊通河纵贯其间，沿河两岸为平坦的冲积平原。地表相对高差不超过 40~50m，地面坡度不超过 $4°$~$5°$。该区域是我国的粮食高产区，同时也是东北农田防护林建设的重点区。

该地区位于吉林省北部，是我国重要的商品粮生产基地，由于该地雨水充足，土质肥沃，所以适宜种植农作物，作物类型以玉米为主。同时，该研究区域位于东北地区的防护林建设地带，也是农田防护林的重点建设区域。自 1978 年以来，我国大力开展北方防护林系统建设项目，在该地区实施了三个防护林建设项目，农田防护林建设快速发展，农作物产量也不断提升，经过多年的持续努力，对农田防护林的不断建设和完善，使 70%以上的农田得到了有效保护，而且农田防护林都落实到了县级，建立基础网络，形成了网络、带、块、森林、道路、渠多种形式结合的农田防护林体系。这种防护林体系对作物干旱具有明显的防护效益，该区域农田防护林主要树种为杨树（朱教君等，2002）；杂交杨树龄在 20~30a，乡土杨树龄在 30a 以上；林带行数多为 4~6 行；林带宽度 5~8m；林下宽度在 20m 左右；主林带走向为东南-西北方向，林网间距在 400~500m（邓荣鑫等，2013）。

根据研究区域内土壤类型、气候条件状况，在吉林省中部平原农田防护林区域内的德惠市、榆树市、扶余市、农安县布设了 4 个研究样区，所有样区土地利用类型均为旱地，但气候、土壤类型差异较大。其中，德惠样区位于德惠市沃皮乡，属半湿润气候，土壤类型为厚腐黄土质黑土；榆树样区位于榆树市水泉乡，属半湿润气候，土壤类型为中腐黄土质黑土；扶余样区位于扶余市增盛乡，属半干旱气候，土壤类型为风沙土；农安样区位于农安县万顺乡，属半干旱气候，土壤类型为深腐黄土质淋溶黑钙土（吉林省土壤肥料总站，1998）。

第二节 数据获取与处理

一、农田防护林参数测量及分级

根据样区内农田防护林林带间距、防护林高度、胸径、疏透度和感病指数等，将各样区内农田防护林分为好、中、差3种，各参数值如表3-1所示。林带高度由激光测距仪测得，林木胸径由软尺测得，疏透度根据"数字图像处理法"（Kenney，1987；姜凤岐等，1989；姜凤岐等，2003）观测计算得到，感病指数根据采样统计法测得。

表3-1 各研究区内防护林参数

样区		林带间距（m）	防护林高度（m）	胸径（m）	疏透度	感病指数
德惠市	好	460×460	21.9	1.19	0.31	0.03
	中	530×800	20.8	1.06	0.37	0.05
	差	仅西侧有林	—	—	0.75	—
榆树市	好	480×550	17.5	1.12	0.31	0.07
	中	500×1100	20.4	1.08	0.48	0.09
	差	仅北侧有林	—	—	0.69	—
扶余市	好	200×250	23.8	1.04	0.26	0.01
	中	400×650	22.0	1.30	0.46	0.11
	差	仅西侧有林	—	—	0.74	—
农安县	好	300×400	17.7	1.08	0.32	0
	中	550×850	18.3	1.17	0.54	0.06
	差	仅北侧有林	—	—	0.83	—

二、作物和地表参数获取

(一) 作物产量

农田内作物为玉米 (Zea mays L.), 观测日作物高度大约为 20cm, 数据测量日期为 2008 年 6 月 10 日至 6 月 13 日 (具体观测日期: 6 月 10 日, 农安县; 6 月 11 日, 扶余市; 6 月 12 日, 榆树市; 6 月 13 日, 德惠市), 测量时间为 9: 00 至 14: 00, 野外测量期间天气状况良好, 晴天无云, 对每个样点进行瞬时观测, 各点数据进行 4 次观测并取平均值, 记录下测量时间及测量结果。土壤水分由铝盒烘干称重法获取, 土壤温度由直管地温计测量获得, 空气温、湿度由风速干湿温度计 (阿斯曼) 测得。

作物产量估测时间为 2008 年 9 月 16 日至 9 月 18 日, 通过实地选点取样、测行距和株距、测定单株有效穗数和穗粒数, 将穗粒晒干、称量, 然后根据实测数据利用公式计算出产量。计算公式为:

$$籽粒产量(\mathrm{kg \cdot ha^{-1}}) = \frac{样品粒重(\mathrm{kg})}{取样株数} \times 每公顷株数 \tag{3-1}$$

(二) 地表参数

由于测量值为某个时刻的瞬时值, 为了使不同时间段的观测值具有可比性, 必须将它们拟合到一个时间段上。温度曲线拟合比较常见的方法有 Parton 和 Logon (1981) 使用的正弦/指数模型, 以及 Wit (1979) 使用的正弦曲线模型。两种模型都是根据一天观测的最高、最低温度值及最高、最低值出现的时刻来求解任一时刻的瞬时值。Baker 等 (1988) 对这两种模型进行了对比分析, 发现两种模型拟合精度相差不大, 并且对夏季温度值的拟合精度要高于冬季，但在对夏季中午前后的温度进行拟合时，正弦曲线模型的精度要更高一些。因此，利用正弦曲线模型的反变换将其拟合到一天中的最高温度值中，其公式为：

$$T_h = \frac{2 \times T(t) - T_l \{1 + \cos[\pi \times (t - t_l) / (t_h - t_l)]\}}{1 - \cos[\pi \times (t - t_l) / (t_h - t_l)]} \tag{3-2}$$

其中，T_h 为一天中的最高温度，T_l 为一天中的最低温度，$T(t)$ 为某一时刻观测的温度，t 为观测时刻值，t_h 为最高温度出现的时刻值，t_l 为最低温度出现的时刻值。

这时需要已知一天中的最低温度值，由于影响温度变化的主要因素是太阳辐射，在天气状况相对稳定、相同土壤类型，并且土壤中水分含量相差不大的情况下，假定其最低温度值是一个定值，拟合出各观测点土壤温度及气温的最高值（见表3-2）。应用相同的方法，计算出其他三个研究区域内各观测点土壤温度、气温的最高值。根据对土壤湿度的24h观测结果，发现土壤湿度在一天内基本稳定，所以直接以观测值进行比较。

表3-2 德惠市样区最高温度值拟合结果

防护林质量	观测时间	土壤温度（℃）5cm	拟合最高值（℃）	土壤温度（℃）10cm	拟合最高值（℃）	气温（℃）20cm	拟合最高值（℃）
好	09：75	28.20	33.26	23.40	25.36	31.10	34.09
好	10：25	28.10	31.91	24.47	26.51	32.00	34.22
好	10：50	30.47	34.84	25.43	27.64	32.13	33.94
好	10：60	31.07	35.45	27.30	30.17	32.87	34.64
中	11：00	30.27	33.47	26.10	27.97	34.60	35.98
中	11：17	34.00	38.01	29.27	31.91	32.80	33.78
中	11：25	32.00	35.24	30.07	32.81	33.00	33.91
中	11：50	30.50	32.89	28.47	30.41	33.33	34.01
差	12：50	33.97	35.51	29.57	30.62	34.53	34.61
差	12：50	34.53	36.13	29.67	30.73	34.53	34.61

防护林质量	观测时间	土壤温度（℃）5cm	拟合最高值（℃）	土壤温度（℃）10cm	拟合最高值（℃）	气温（℃）20cm	拟合最高值（℃）
差	12：33	34.37	36.19	31.33	32.77	33.40	33.53
差	12：00	32.10	34.06	30.13	31.79	35.23	35.58

注：土壤温度（℃）5cm 的含义是 5cm 的土壤温度。

第三节　农田防护林防护效应分析

一、土壤湿度

各研究样区不同防护状态下土壤湿度变化如图 3-1 所示。可以发现，较好的防护林内土壤湿度均高于较差的防护林。其中，德惠市研究区内，较好防护林内 5cm、10cm 土壤水分比防护林较差的区域分别增加 0.85 个百分点、0.65 个百分点，榆树市研究区内分别增加 0.21 个百分点、0.23 个百分点，扶余市研究区内分别增加 1.48 个百分点、1.42 个百分点，农安县研究区内分别增加 1.03 个百分点、0.89 个百分点。中等防护林比较差防护林也有一定程度的增加，这主要是防护林可以减弱风速，使农田土壤的蒸发量和作物蒸腾量减小；另外，防护林还有涵养水源的作用。土壤水分变幅整体较小是因为这几日内天空晴朗，地面风速相对较小。扶余市、农安县研究区变幅较大是因为这些地区的土壤主要为黑钙土和风沙土（吉林省土壤肥料总站，1998），土壤水分易流失。德惠市、榆树市土壤多为黑土，土壤水分易保持。

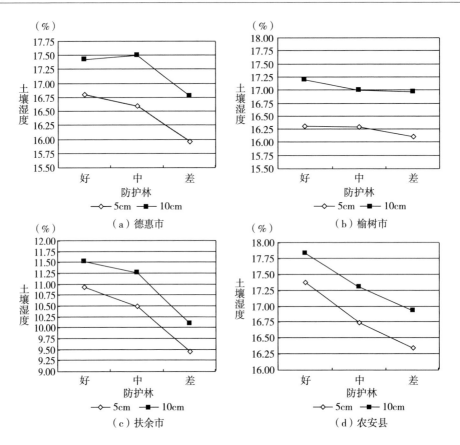

图 3-1　各研究样区不同防护状态下土壤湿度变化

二、地表和空气温度

各研究样区不同防护状态下地表温度变化如图 3-2 所示。可以发现，德惠市、农安县研究区最大土壤温度及气温增加，德惠市研究区内 5cm、10cm 土壤温度和气温分别上升 1.6℃、4℃、0.36℃，农安县研究区分别上升 0.89℃、2.27℃、0.88℃，这主要是因为观测日内风力较小，温度增温受土壤水分影响较大，无防护林区内土壤水分含量相对较小，土壤及大气增温快。榆树市、扶余市研究区最大土壤温度及气温减少，榆树市研究区分别下降了 2.52℃、3.93℃、0.95℃，扶余市研究区分别下降了 1.86℃、1.42℃、1.29℃，这主要是因为观测日内两个研究区中风力相对较强，较差防护林区风速降低少，地表大气涡动变化较快，热量及水分易流失，升温较慢。因此，防护林在有风时可以降低风速，起到保温的作用，而在风速较小的情况下，又有着降温的作用，从而降低了防护林内的温度变化幅度。

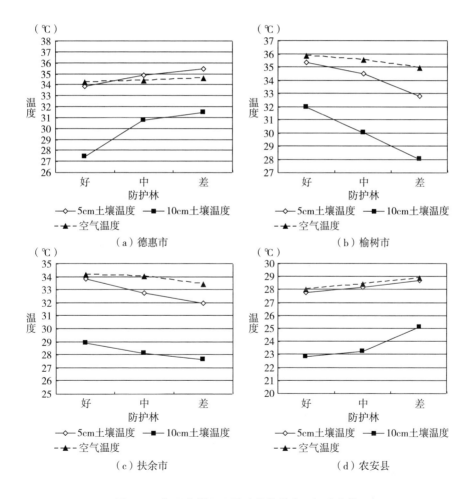

图 3-2　各研究样区不同防护林状态下温度变化

三、作物产量

各研究样区不同防护状态下作物产量如图 3-3 所示。从图 3-3 中可以看出，总体上各样区内玉米产量相差不大，这主要是因为今年降水量较往年偏多，大风日少，防护林对农作物的防护作用没有完全体现出来。通过分析可以看到有些差异：德惠市、榆树市研究区较好防护林带内的玉米产量比较差防护林带内的玉米产量有所减少，分别减少了 362.85kg·ha^{-1}、441.6kg·ha^{-1}，而扶余市、农安县研究区较好防护林带内的玉米产量比较差防护林带内的玉米产量却有所增加，分别增加了 370.16kg·ha^{-1}、199.32kg·ha^{-1}。

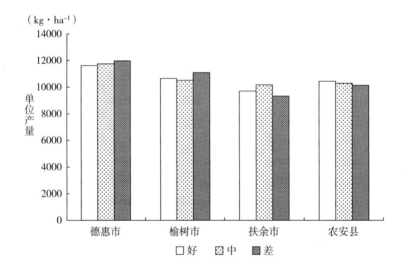

图 3-3　各研究样区不同防护林状态下作物产量对比

利用单因素方差分析，对各类型防护林的土壤温、湿度，空气温度，作物产量进行显著性检验，发现各类型农田防护林对以上参数并没有显著性差异（P>0.05）。无显著差异与农田防护林的防护特点有关，农田防护林不可能明显改变其周围的气候条件，而只能在一定范围内改善。

通过选取不同立地条件的样点，分别对比不同防护林状态下的温、湿度效应和作物产量，可以得出：农田防护林防护区内地表土壤水分增加，土壤温度变化幅度降低，空气温度变化幅度也降低。这是因为林带对空气流动的阻滞，削弱了空气与地表的热量交换，使蒸散减少，从而使土壤水分增加，当风力较大时，起到保温效果，当风力较小时，又具有降温作用，减少了温度的变化幅度。

根据不同气候、土壤条件等空间差异性分别分析了不同区域的农田防护林防护效应，但仍是对样点上的分析，如何将林带尺度内的研究结果推绎到景观尺度是一个难点问题，并且野外监测存在着效率不高、数据获取时间不同步等问题。随着 RS 和 GIS 技术的发展，为农田防护林的区域性研究提供了技术支持和更多的数据选择，采用卫星遥感资料监测地物特征和地表参数既有效又方便，成为分析农田防护林在景观尺度上防护效应的重要技术手段。

第四章 农田防护林水热效应
遥感监测与评价

农田防护林通过降低风速进一步改变了林网内的空气温湿度和土壤温湿度，从而对周围环境产生了影响，因而针对农田防护林的温湿效应的研究较为广泛。本章围绕农田防护林的水热效应，运用遥感方法获取农田防护林信息，使用 MODIS 影像获取研究区域时间序列地表温度数据，评价农田防护林的温度效应，并使用 Landsat-8 遥感影像获取研究区域作物干旱指标，评价农田防护林的湿度效应。

第一节 农田防护林对地表温度防护效应的遥感监测

一、农田防护林防护状态监测

（一）农田防护林遥感信息提取

仍然选择吉林省中西部地区的德惠市、农安县、榆树市和扶余市作为研究区域。综合考虑数据的覆盖范围、适用性、费用及处理的难易程度等因素，选择 2011 年 6 月 5 日获取的 Landsat-5 TM 遥感影像作为数据源，用于农田防护林的信息提取。依据农田防护林的解译标志和标准，使用人工目视解译方法进行研究区农田防护林信息提取。于 2012 年 9 月中旬对农田防护林解译数据进行实地验证，选择样点 159 个，由于农田防护林特征较为明显，与其他植被差异较易区分，目视解译精度在 95% 以上。

（二）农田防护林林带完整性分析

在此研究中，农田防护林防护状态通过林带完整性来衡量。林带完整性指林带的完整程度，其对防风效应有着重要的影响，有断口的农田防护林使风集中地从断口处吹过，使断口处下风向的风速超过了旷野风速。如果将一条完整林带视为一个有序的振动波，则林带断口使林带波形在波谷处产生较大异常值。在遥感影像中，波形中的每个有序点可以用林带覆盖度值来表示，波形可通过有序点集拟合而成。因此，林带覆盖度的反演是农田防护林林带完整性识别的第一步。

1. 植被覆盖度反演

（1）表观反射率计算。

表观反射率计算的第一步是进行辐射定标。辐射定标就是确定 L 与 DN 的关系式，以及相应的定标参数增益和偏移。由于光学传感器器件性能的退化，这些参数也在改变。通过星上对传感器的辐射定标和地面的替代辐射定标，不断修正这些参数。在地面站给用户提供卫星的 DN 数据时，这些参数也同时被提供。对于 TM/ETM 数据，辐射定标公式可以表达为：

$$L = Gain \times DN + Bias \tag{4-1}$$

L 为大气顶层太阳辐亮度（$W \cdot m^{-2} \cdot sr^{-1} \cdot \mu m^{-1}$），DN 为记录的电信号数

值，Gain 为通道增益（$W \cdot m^{-2} \cdot sr^{-1} \cdot \mu m^{-1}$），Bias 为偏移量（$W \cdot m^{-2} \cdot sr^{-1} \cdot \mu m^{-1}$），定标系数均可在头文件中获得。

在辐射定标的基础上，表观反射率的计算可以用下式来表达：

$$\rho = \frac{\pi \cdot L \cdot D^2}{ESUN \cdot \cos\theta} \tag{4-2}$$

式（4-2）中，ρ 为大气层顶（TOA）表观反射率（无量纲），π 为常量（球面度 sr），L 为大气层顶进入卫星传感器的光谱辐射亮度（$W \cdot m^{-2} \cdot sr^{-1} \cdot \mu m^{-1}$），D 为日地之间距离（天文单位），ESUN 为大气层顶的平均太阳光谱辐照度（$W \cdot m^{-2} \cdot \mu m^{-1}$），$\theta$ 为太阳的天顶角。其中，太阳的天顶角 θ 可从头文件中获取，日地距离 D 的数值见表 4-1，Landsat-5 影像各波段的太阳辐射能量值见表 4-2。

表4-1 日地距离随时间变化情况（天文单位）

日数	距离	日数	距离	日数	距离	日数	距离	日数	距离
1	0.9832	74	0.9945	152	1.0140	227	1.0128	305	0.9925
15	0.9836	91	0.9993	166	1.0158	242	1.0092	319	0.9892
32	0.9853	106	1.0033	182	1.0167	258	1.0057	335	0.9860
46	0.9878	121	1.0076	196	1.0165	274	1.0011	349	0.9843
60	0.9909	135	1.0109	213	1.0149	288	0.9972	365	0.9830

表4-2 **Landsat-5 TM 和 Landsat-7 ETM 的大气层顶平均太阳辐照度**

单位：$W \cdot m^{-2} \cdot \mu m^{-1}$

波段	1	2	3	4	5	7
Landsat-5 ESUN	1957.00	1826.00	1554.00	1036.00	215.00	80.67

（2）$NDVI_{soil}$ 与 $NDVI_{veg}$ 选取。

利用校正后的 Landsat-5 TM 多光谱遥感影像的近红外波段和红波段的表观

反射率值计算 NDVI，并在此基础上进行 $NDVI_{soil}$ 与 $NDVI_{veg}$ 选取。这两个参数是植被覆盖度计算的关键。其中，$NDVI_{soil}$ 为裸土或无植被覆盖区域的 NDVI 值；$NDVI_{veg}$ 代表完全被植被所覆盖的像元的 NDVI 值。选择一定样本量的纯像元，将给定置信度的置信区间内的最大值与最小值作为纯植被 $NDVI_{veg}$ 和纯土壤 $NDVI_{soil}$。同时，为了降低不同土壤类型对纯像元值的影响，利用土壤和土地利用类型数据，采用分区的方式进行农田防护林林带覆盖度的计算。

将土地利用数据与土壤数据进行叠加，以土地利用类型中的旱地作为掩膜提取出各土壤类型的 NDVI 值，并计算各土壤类型 NDVI 值的累积概率分布，取累计概率在 0.5% 附近的值作为 $NDVI_{soil}$；对于 $NDVI_{veg}$，由于研究区林地多集中于东部地区，对每种土壤类型均统计可能会造成个别土壤类型的林地样本量不够，因此对林地不区分土壤类型，使用统一值，将林地像元的 NDVI 值按逆序排列，取累计概率在 0.5% 附近的值作为 $NDVI_{veg}$。

（3）林带覆盖度计算。

植被覆盖度的计算公式可表示为：

$$f_c = (NDVI - NDVI_{soil}) / (NDVI_{veg} - NDVI_{soil}) \qquad (4-3)$$

其中，$NDVI_{veg}$ 为完全被植被所覆盖的像元的 NDVI 值；$NDVI_{soil}$ 为裸土或无植被覆盖区域的 NDVI 值；依据 $NDVI_{veg}$ 的确定方法，$NDVI_{veg}$ 的值为 0.65；$NDVI_{soil}$ 的值分别为：黑土为 0.07，黑钙土为 0.07，草甸土为 0.04，冲积土为 0.06。最终计算出研究区域的植被覆盖度。

（4）林带覆盖度反演结果验证。

通过对一条完整林带以 5m 间隔进行照相，并以相邻 9 个像元计算的平均林带覆盖度值作为林带像元覆盖度的实际值，对反演结果进行验证。从绝对值对比看，两者误差较大，平均绝对误差达到 0.23；但从图 4-1 中发现，两者间决定系数（R^2）为 0.715，具有较高的相关性。差异较大的主要原因可能是影像获取日期和测量时间不一致，实测数据为 2011 年 9 月，反演数据为 2011 年 6

月。另外，虽然林带覆盖度观测值与反演值的绝对误差较大，但两者的波动趋势是一致的，因此该精度满足波形生成的要求。

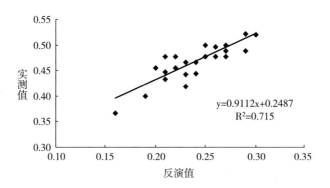

图 4-1　林带覆盖度观测值与反演值的相关性

2. 农田防护林林带完整性划分

在其他条件不变的情况下，分析当农田防护林林带存在断口，即林带不完整时，林带覆盖度波形的变化情况。在林带断口处，林带覆盖度发生突变，波形出现较大幅动，在波谷处出现异常值。因此，可通过分析林带波形波谷值来识别林带的完整性。

首先，应判断当断口出现时对应林带覆盖度值的大小，确定合理阈值；其次，用断口处的像元个数与总像元个数的比来表示林带的完整性，其计算公式为：

$$cny = n/N \tag{4-4}$$

其中，cny 表示林带完整性指标，n 为像元值小于等于最小阈值的像元个数，N 为林带像元总数。以此实现林带完整性的识别。

在农田防护林林带覆盖度反演结果的基础上，运用 GIS 方法提取农田防护林林带覆盖度波形。从提取结果中任意选择一条农田防护林林带进行验证（见图 4-2），该林带长约 1200m，林带走向为 41.4°，属西南—东北走向，该林带波形属性包括林带标识号、林带长度、林带中心像元覆盖度值。可以发现，波形波动曲线与实际林带状况的变化一致，林带波形较好地反映了该农田防护林林带的完整性状况。

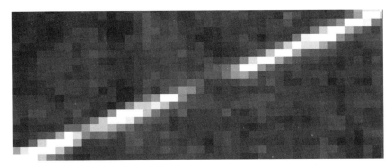

（a）林带覆盖度影像

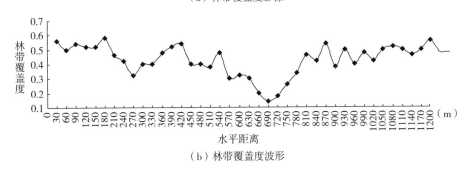

（b）林带覆盖度波形

图 4-2 林带覆盖度波形提取结果对比

在农田防护林林带完整性识别过程中，最小阈值的判定是关键。最小阈值的判定主要考虑到三种情况：

（1）林带断口大于 60m。

如果林带断口大于 60m，可能存在如图 4-3 所示的两种情况：第一种情况下会有两个像元无林带覆盖，第二种情况下会有一个像元无林带覆盖，因此当林带断口大于 60m 时, 林带断口确定能监测到, 只是长度可能存在偏差。该情况下对应的实际林带覆盖度值为: 裸土的林带覆盖度值一般小于等于 0.14。

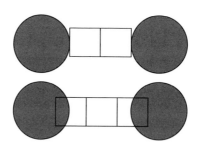

图 4-3　大于 60m 林带断口示意图

注: 方形表示像元, 圆形表示林带。

（2）林带断口在 30~60m。

如果林带范围在 30~60m, 也可能存在两种情况（见图 4-4）: 第一种情况下无裸土像元, 第二种情况下会有一个像元无林带覆盖, 因此当林带断口在 30~60m 时, 林带断口不完全确定能被监测到。该情况下对应的实际林带覆盖度值为: 监测到的断口中间像元值小于等于 0.14。

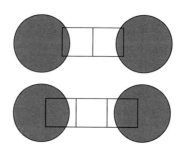

图 4-4　30~60m 林带断口示意图

注: 方形表示像元, 圆形表示林带。

（3）林带断口小于30m。

如果林带范围小于30m，一定不存在裸土像元（见图4-5）。因此，当林带覆盖度值小于等于0.14时可以判定该林带在此处存在断口，如果大于0.14，则不好确定，因为其可能是断口边缘，但也可能是正常林带的覆盖度值。以下分析在林带边缘处的林带覆盖像元值，以确定该处像元值为多大时能够区分出林带断口。

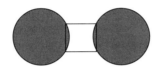

图4-5　小于30m林带断口示意图

注：方形表示像元，圆形表示林带。

通过对林带覆盖度值为0.15的像元进行抽样分析，发现虽然也有林带覆盖度为0.15时不是断口的情况，但当林带覆盖度为0.15时，有超过70%对应位置为断口处。当林带覆盖度值为0.16时，虽然也有林带覆盖度为0.16时是断口的情况，但当林带覆盖度为0.16时，有超过80%对应位置并非断口处。因此，最后确定林带断口的判断阈值为0.15。通过式（4-4）计算出各农田防护林林带的完整性。

在农田防护林规划建设中，依据林带断口的大小，可将林带分为完整、较完整、不完整三级：≤5%属完整，6%~15%为较完整，>15%为不完整。以此标准作为划分依据，得出研究区域的农田防护林林带完整性的分布。

二、地表温度遥感反演

(一) 数据源选择

从 NASA 网站下载研究区内 2011 年 3 月 1 日至 2011 年 11 月 1 日期间、以旬为间隔的 MODIS 1B 数据, 其中包括: ①MOD02QKM, 即 250m 空间分辨率数据, 包括第 1 和第 2 波段; ②MOD02HKM, 即 500m 空间分辨率数据, 包括第 3 ~7 波段; ③MOD021KM, 即 1km 空间分辨率数据, 包括第 8~36 波段。对于云量较多的数据, 取其前后两天内较好质量的数据予以替代。

首先, 利用 MODIS Reprojection Tool Swath (MRTSwath) 工具, 针对 MODIS 1B 数据的第 1、第 2、第 19、第 31、第 32 波段进行拼接、投影转换、尺度因子转换、去除异常值等工作, 完成 MODIS 数据的处理, 最终生成 GRID 格式的波段数据, 投影类型为正轴等积双标准纬线圆锥投影 (Albers); 其次, 运用劈窗算法完成研究区域的地表温度反演。

(二) 劈窗算法

地表温度的反演采用毛克彪等 (2005) 推导的劈窗算法, 该算法仅需要两个因素来进行地表温度的演算, 即大气透过率和地表比辐射率。在众多的劈窗算法中, 该算法由于需要参数少、计算简单且精度较高, 被认为是较好的算法之一。

毛克彪等 (2005) 提出的针对 MODIS 数据反演地表温度的劈窗算法使用的公式如下:

$$T_s = A_0 + A_1 T_{31} - A_2 T_{32} \tag{4-5}$$

式 (4-5) 中, T_s 是地表温度, T_{31}、T_{32} 分别是 MODIS 第 31、第 32 通道的

亮温。A_0、A_1、A_2 是系数，分别定义如下：

$$A_0 = -64.60363E_1 + 68.72575E_2 \tag{4-6}$$

$$A_1 = 1 + A + 0.440817E_1 \tag{4-7}$$

$$A_2 = A + 0.473453E_2 \tag{4-8}$$

$$A = D_{31} / (D_{32}C_{31} - D_{31}C_{32}) \tag{4-9}$$

$$E_1 = D_{32}(1 - C_{31} - D_{31}) / (D_{32}C_{31} - D_{31}C_{32}) \tag{4-10}$$

$$E_2 = D_{31}(1 - C_{32} - D_{32}) / (D_{32}C_{31} - D_{31}C_{32}) \tag{4-11}$$

$$D_{31} = (1 - \tau_{31})[1 + (1 - \varepsilon_{31})\tau_{31}] \tag{4-12}$$

$$D_{32} = (1 - \tau_{32})[1 + (1 - \varepsilon_{32})\tau_{32}] \tag{4-13}$$

$$C_{31} = \varepsilon_{31}\tau_{31} \tag{4-14}$$

$$C_{32} = \varepsilon_{32}\tau_{32} \tag{4-15}$$

其中，A、E_1、E_2、D_{31}、D_{32}、C_{31}、C_{32} 为中间变量，可迭代消除；ε_{31}、ε_{32} 分别为第 31、第 32 波段的地表比辐射率；τ_{31}、τ_{32} 为第 31、第 32 波段的大气透过率。

（三）参数计算

1. 亮度温度计算

亮温是辐射出与观测物体相等辐射能量的黑体温度，可以根据普朗克（Planck）公式计算得到，MODIS 第 31、第 32 波段的亮度温度 T_{31}、T_{32} 由下式计算：

$$T_i = \frac{C_2}{\lambda_i \ln\left(1 + \dfrac{C_1}{\lambda_i^5 R_i}\right)} \tag{4-16}$$

式（4-16）中，T_i 是 MODIS 第 i（$i=31, 32$）波段的亮度温度，λ_i 是波段

i 的中心波长,针对 MODIS 的第 31、第 32 波段,其值可分别取 $\lambda_{31} = 11.28\mu m$ 和 $\lambda_{32} = 12.02\mu m$;$C_1$ 和 C_2 是常量,分别取 $C_1 = 1.19104356 \times 10^{-16} W \cdot m^2$ 和 $C_2 = 1.4387685 \times 10^4 \mu m \cdot K$。由于需要注意 C_1、R_i、λ_i 的单位转化问题,为了便于计算,可将该式进行简化,设 $K_{i,2} = C_2/\lambda_i$,$K_{i,1} = C_1/\lambda_i^5$。则式(4-16)可转化为:

$$T_i = \frac{K_{i,2}}{\ln\left(1 + \dfrac{K_{i,1}}{R_i}\right)} \tag{4-17}$$

式(4-17)中,$K_{i,1}$、$K_{i,2}$ 为常量,对于第 31 波段:$K_{31,1} = 729.541636$,$K_{31,2} = 1304.413871$;对于第 32 波段:$K_{32,1} = 474.684780$,$K_{32,2} = 1196.978785$。

R_i 是 MODIS 第 i(i = 31,32)波段的热辐射强度,可根据下式得到:

$$R_i = radiance\_ scales \times (DN_i - radiance\_ offset) \tag{4-18}$$

式(4-18)中,radiance_offset 为截距,radiance_ scales 为斜率,均可以从 HDF 格式的 MODIS 图像的头文件中直接查出,DN 为遥感图像第 31、第 32 波段的实际保存数值。

2. 大气透过率的计算

大气透过率是地表辐射、反射透过大气到达传感器的能量与地表辐射能、反射能的比值,它与大气状况、高度等因素有关。对于热红外波段,最重要的大气变化是大气温度和水汽的变化。在天气稳定的情况下,虽然影响大气透过率的因素比较多,但水汽含量是影响大气透射率的主要因素。根据 Kaufman 等(1992)以及 Gao 和 Goetz(1992)的研究,对于 MODIS 图像中的任何一个像元,其可能的大气水分含量可用下式估计:

$$w = \left[\frac{\alpha - \ln\left(\dfrac{\rho_{19}}{\rho_2}\right)}{\beta}\right]^2 \tag{4-19}$$

式（4-19）中，w 是大气水分含量；α、β 是常量，取 α = 0.02，β = 0.651；ρ_{19}、ρ_2 分别是 MODIS 第 19 波段和第 2 波段的地面反射率。

由于 MODIS 的扫描带比较宽，遥感视角和大气温度会对大气透过率有比较大的影响，因此本书还需进行大气透过率的遥感器视角校正函数和温度校正函数的校正。根据高懋芳等（2007）的回归拟合方程估算第 31、第 32 波段的大气透过率即 τ_{31}、τ_{32}，估计方程如表4-3所示。由于该估计方程是根据近地气温为 25℃进行拟合的结果，所以还要根据表4-4进行温度订正。

表 4-3　MODIS 第 31、第 32 波段的大气透过率估计方程

水分含量/（g·cm^{-2}）	大气透过率估计方程
夏季 0.4~2.0	$\tau_{31} = 1.101636 - 0.10346 \times w$
	$\tau_{32} = 1.02144 - 0.13927 \times w$
夏季 2.0~4.0	$\tau_{31} = 1.11795 - 0.15536 \times w$
	$\tau_{32} = 1.09361 - 0.17980 \times w$
夏季 4.0~5.4	$\tau_{31} = 0.77313 - 0.07404 \times w$
	$\tau_{32} = 0.65166 - 0.09656 \times w$
冬季 0.4~1.4	$\tau_{31} = 1.101089 - 0.09656 \times w$
	$\tau_{32} = 0.97022 - 0.08057 \times w$

表 4-4　大气透过率的温度校正函数

波段	温度校正函数	温度区间
MODIS 31	$\delta\tau(T)_{31} = 0.08$	$T_{31} > 318K$
	$\delta\tau(T)_{31} = -0.05 + 0.00325 \times (T_{31} - 278)$	$278 < T_{31} < 318K$
	$\delta\tau(T)_{31} = -0.05$	$T_{31} < 278K$
MODIS 32	$\delta\tau(T)_{32} = 0.095$	$T_{32} > 318K$
	$\delta\tau(T)_{32} = -0.065 + 0.004 \times (T_{32} - 278)$	$278 < T_{32} < 318K$
	$\delta\tau(T)_{32} = -0.065$	$T_{32} < 278K$

注：T_{31}、T_{32} 是第 31、第 32 波段的亮度温度。

3. 地表比辐射率的计算

地表比辐射率是物体与黑体在同温度、同波长下的辐射出射度的比值。在传感器的波段区间及像元大小确定的情况下，地表比辐射率主要取决于地表物质的组成和结构。在 MODIS 1km 的像元尺度下，像元可以粗略视作由水体、植被和裸土三种类型构成。MODIS 混合像元的地表比辐射率可表示为：

$$\varepsilon_i = P_w R_w \varepsilon_{iw} + P_v R_v \varepsilon_{iv} + (1 - P_w - P_v) R_s \varepsilon_{is} + d\varepsilon \qquad (4-20)$$

式（4-20）中，ε_i 是 MODIS 图像第 i（$i = 31$，32）波段的地表比辐射率；ε_{iw}、ε_{iv}、ε_{is} 分别是水体、植被、裸土的地表比辐射率，对 MODIS 第 31 波段（$i = 31$）分别取 0.992、0.9844、0.9731，对 MODIS 第 32 波段（$i = 32$）分别取 0.989、0.9851、0.9832；R_w、R_v、R_s 为温度比率，定义为 $R_i = (T_i / T)^4$，这里 i 分别表示下标 w、v、s，T 为混合像元平均温度，覃志豪等的模拟分析认为在 5~45℃范围内，这三种地表类型的平均温度比率分别为 $R_w = 0.99565$，$R_v = 0.99240$，$R_s = 1.00744$。

P_w、P_v 分别为水面和植被的构成比例，对于水面较大的地区来说，可以利用可见光和红外波段水体反射率一般明显低于其他地物及水体归一化植被指数 NDVI < 0 的特性，提取纯水体像元，并取 $P_w = 1$。此时，$\varepsilon_{31} = R_w \varepsilon_{31w} = 0.9876848$，$\varepsilon_{32} = R_w \varepsilon_{32w} = 0.98469785$。对于水面可以忽略的陆地来说，主要由裸地和植被组成，取 $P_w = 0$，P_v 即植被覆盖度，可利用式（4-3）并通过 NDVI 指标来确定。对于 MODIS 图像而言，NDVI 用第 1、第 2 波段的发射率值来计算。当 NDVI > $NDVI_v$ 时，$P_v = 1$，表示该像元是一个茂密植被覆盖的地区，看不见裸露的土壤表面，$\varepsilon_{31} = R_v \varepsilon_{31v} = 0.976919$，$\varepsilon_{32} = R_v \varepsilon_{32v} = 0.977613$；否则，当 NDVI < $NDVIs$ 时，$P_v = 0$，表示该像元是一个完全裸露的地区，没有任何植被覆盖，$\varepsilon_{31} = R_s \varepsilon_{31s} = 0.9803398$，$\varepsilon_{32} = R_s \varepsilon_{32s} = 0.990515$；当 $NDVIs < NDVI < NDVI_v$ 时，$\varepsilon_i = P_v R_v \varepsilon_{iv} + (1 - P_v) R_s \varepsilon_{is}$。

估计校正项 dε：

当 $P_v = 0$ 或 $P_v = 1$ 时，dε 最小，dε = 0；

当 $0 < P_v < 0.5$ 时，dε = 0.003796P_v；

当 $1 > P_v > 0.5$ 时，dε = 0.003796(1−P_v)；

当 $P_v = 0.5$ 时，dε 最大，dε = 0.001898。

运用以上地表温度反演算法，选择 MODIS 的第 1、第 2、第 19、第 31、第 32 波段数据，运用 ArcGIS 的栅格运算功能，完成研究区域所选时间段内地表温度的遥感反演。由于没有同步的地温观测数据，而且获取与 MODIS 等效的 1km 像元的平均地表温度比较困难，因此对地表温度反演结果未做定量检验。但是从地表温度的空间分布看，地表温度的较高值出现在居民地，而水体和山区的林地地温比较低，并且随着海拔的升高，地温呈下降趋势，符合常规的地表温度空间分布规律。本研究仅需要地表温度的相对值就可以满足需求，对于该算法的相对误差，已有研究表明不超过 1K。

三、农田防护林对地表温度的防护效应分析

（一）农田防护林防护状态的空间分布

依据土地利用数据，提取出研究区域内的旱地，为了进一步减少其他土地利用类型的影响，对提取出的旱地再向内做 200m 缓冲，并以此作为整个研究区域农田防护林的分布范围，然后在这个范围内生成 1000m×1000m 的格网，将其与解译的农田防护林数据进行叠加分析，统计每个格网内农田防护林的长度，根据相关的研究成果，确定农田防护林的平均防护距离为 250m。以此为依据，考虑农田防护林林带结构的完整性，将完整的农田防护林林带做 250m 缓冲，将较完整的农田防护林林带做 200m 缓冲，将不完整的农田防护林林带做 150m

缓冲，去除重叠部分后统计每个格网内的防护面积，并根据这个数值将格网分为好、中、差三种状态，其中防护面积在 $0 \sim 0.3 \text{km}^2$ 范围内的为差、在 $0.3 \sim 0.6 \text{km}^2$ 范围内的为中、在 $0.6 \sim 1 \text{km}^2$ 范围内的为好。

（二）生态分区

农田防护林的防护效应会受到各种立地条件的影响。为了更好地分析农田防护林的温度效应，根据研究区域的土壤、降水、气温等立地条件差异进行生态分区。由于研究区域均为平原，所以未考虑地貌因素的影响。该区域年均气温在 $4.1 \sim 5.5℃$，年降水在 $430 \sim 750 \text{mm}$，土壤类型主要是黑土和黑钙土，另外还包括风沙土、白浆土和草甸土等。各分区域的土壤、水热状况如表4-5所示。

表4-5　各分区气候条件及土壤类型

研究区域分区	年降水量（mm）	年均温度（℃）	土壤类型
Ⅰ	500~600	5.0~5.5	黑钙土
Ⅱ	600~700	4.5~5.0	黑土
Ⅲ	500~600	4.5~5.0	黑土
Ⅳ	600~700	4.0~4.5	白浆土
Ⅴ	500~600	4.0~4.5	黑土
Ⅵ	400~500	4.5~5.0	黑钙土
Ⅶ	400~500	4.5~5.0	风沙土
Ⅷ	500~600	5.0~5.5	黑土
Ⅸ	500~600	4.5~5.0	草甸土

（三）农田防护林对地表温度的防护效应分析

在作物生长期内，研究区域不同等级防护区中地表温度的变化曲线如图4-6所示，该图反映了3~10月三种防护状态下的地表温度变化，整体变化规律与该区域内的气候状况吻合，可以发现地表温度在第152天（6月1日）至第

182 天（7 月 1 日）之间较高，在 7~8 月，由于雨水较多，并没有出现高温。利用单因素方差分析方法，对作物生长期内各农田防护林防护区的地表温度值进行显著性检验。结果表明，就各农田防护区的地表温度值而言，不同等级农田防护区内的地表温度值无显著性差异。

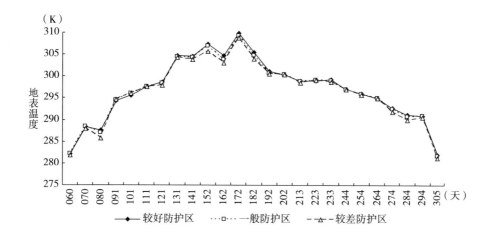

图 4-6　研究区域不同防护区地表温度变化曲线对比

从以往研究成果可以发现，农田防护林的温度效应最多在几 K，从图 4-6 中地表温度值很难发现不同等级农田防护区域的防护效应。因此，分别用每个时段的较好、一般农田防护区的地表温度减去较差农田防护区的地表温度，用其差值来分析其防护效果的差异性，如果为正值，则表示农田防护林起到增温作用；反之，则起到降温作用，结果如图 4-7 所示。利用配对样本 T 检验方法，对较好防护区和一般防护区的地表温度差值进行显著性检验，显著性水平 P ＝ 0.02<0.05。结果表明，较好农田防护区内的地表温度差值与一般防护区具有显著性差异，农田防护林对地表温度的防护效应具有显著影响。从图 4-7 中可以看出农田防护林在整个作物生长季中整体处于增温状态，并且作物生长初期（第 60 天至第 80 天）、中期（第 121 天至第 182 天）和后期（第 274 天至第

305 天）增温效果最为明显，在作物生长的初中期（第 91 天至第 111 天）和中后期（第 202 天至第 264 天）增温较少，并在个别月份有降温现象。从作物生长期内增温总值上来分析，相对于较差防护区，较好农田防护区的增温总值为 14.98K，平均日增温为 0.60K，一般农田防护区的增温总值为 9.66K，平均日增温为 0.39K。

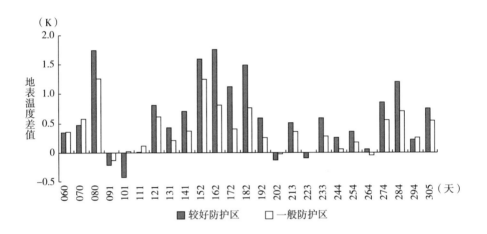

图 4-7　较好防护区地表温度差值与一般防护区地表温度差值变化曲线对比

（四）不同立地条件对农田防护林防护效应的影响分析

农田防护林对地表温度的影响与气候条件、土壤类型等因素有关。为了分析这些因素对农田防护林防护效应的影响程度，在生态分区的基础上，分析不同立地条件下各因素对农田防护林温度效应的影响程度。

1. 气温对农田防护林防护效应的影响

研究气温对农田防护林防护效应的影响，选取土壤类型和年降水量相同，但年均气温不同的三个分区：Ⅴ、Ⅲ 和Ⅷ。其土壤类型为黑土，年降水量在

500～600mm，年均气温范围分别为4.0～4.5℃、4.5～5.0℃、5.0～5.5℃，用各子区内的较好防护区的地表温度减去较差防护区的地表温度，研究气温的不同对农田防护林温度效应的影响，结果如图4-8所示。

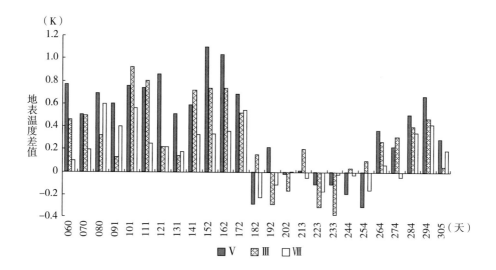

图4-8 不同气温条件下农田防护林地表温度防护效应差异

注：V、Ⅲ、Ⅷ区土壤均为黑土，年降水量均为500～600mm。

从图4-8中可以看出Ⅷ区的变化幅度最小，而V区的变化幅度最大，这说明农田防护林在气温较低的地区防护效果更加明显。另外，农田防护林在V、Ⅲ和Ⅷ分区中，在作物生长的初期和后期增温效果较为明显，而在作物生长的中期反而起到降温的作用。利用单因素方差分析方法，对不同气温条件下农田防护林的地表温度差值进行显著性检验，结果显示，仅V与Ⅷ区具有显著性差异（显著性水平P=0.04<0.05），这表明当气温差异较小时，农田防护林的温度效应无显著差异；当温差较大时，农田防护林的温度效应有显著差异。从数值上来看，在所选择的时间段内，V、Ⅲ和Ⅷ三个分区的增温总值分别为10.04K、7.06K和4.27K，这说明农田防护林在低温地区的增温效应相对更为明显。

2. 降水对农田防护林防护效应的影响

在研究降水对农田防护林防护效应的影响时，选取土壤类型和年均气温相同，但年降水量不同的子区：Ⅱ和Ⅲ。其土壤类型均为黑土，年均气温范围均在 4.5~5.0℃，年降水量分别为 600~700mm，500~600mm，Ⅲ区的年降水量要低于Ⅱ区。同样用各子区内的较好防护区的地表温度减去较差防护区的地表温度，研究降水的不同对农田防护林温度效应的影响，结果见图 4-9。利用配对样本 T 检验方法，对不同降水条件下农田防护林的地表温度差值进行显著性检验。结果显示，显著性水平 P = 0.003<0.05，这表明降水量的变化对农田防护林的温度效应有显著影响。从图 4-9 中可以看出两区的防护效应有所交替，但Ⅲ区的防护效果更明显一些。从数值上来看，在所选择的时间段内，Ⅲ区的增温总值为 7.06K，Ⅱ区的增温总值为 5.11K。可以得出随着降水量的增大，农田防护林对地表温度的增温效应有所减少。

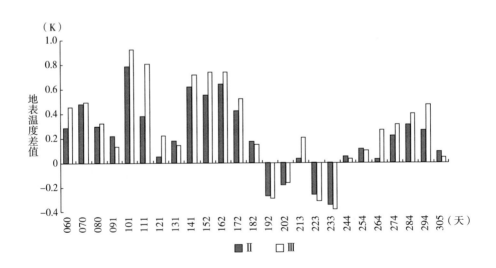

图 4-9 不同降水条件下农田防护林地表温度防护效应差异

注：Ⅱ、Ⅲ区土壤均为黑土，年平均气温均为 4.5~5.0℃。

3. 土壤类型对农田防护林防护效应的影响

在研究土壤对农田防护林防护效应的影响时，选取年降水量和年均气温相同，但土壤类型不同的两对子区，分别为Ⅵ、Ⅶ和Ⅰ、Ⅷ。前者年均气温范围在4.5~5.0℃，年降水量为400~500mm，土壤类型分别为黑钙土和风沙土；后者年均气温范围在5.0~5.5℃，年降水量为500~600mm，土壤类型分别为黑钙土和黑土。在这两组子区中，同样用各子区内的较好防护区的地表温度减去较差防护区的地表温度，研究土壤类型的不同对农田防护林温度效应的影响，结果如图4-10所示。

从图4-10（a）中可以看出，Ⅵ区的地表温度差值总体高于Ⅶ。利用配对样本T检验方法，对该两种土壤类型条件下农田防护林的地表温度差值进行显著性检验。结果显示，显著性水平P＝0.96>0.05，这表明在黑钙土和风沙土这两种土地类型中，农田防护林的温度效应不存在显著性差异。

从图4-10（b）中可以看出，Ⅰ区的地表温度差值总体低于Ⅷ区，从数值上来看，在所选择的时间段内，在年降水量与年均气温相同的情况下，黑钙土的增温总值为3.39K，黑土的增温总值为4.27K。另外还发现，Ⅰ区和Ⅲ区的地表温度的增温总值低于Ⅵ区和Ⅶ区，这两个区的年均气温更高，年降水量更多，根据以上研究的结果，这都使这两区的防护效应有所降低。利用配对样本T检验方法，对该两种土壤类型条件下农田防护林的地表温度差值进行显著性检验。结果显示，显著性水平P＝0.536>0.05，这表明在黑钙土和黑土这两种土地类型中，农田防护林的温度效应也不存在显著性差异。

本节依托农田防护林经营学理论和遥感图像分类方法，进行了农田防护林的信息提取研究；并运用遥感定量反演理论，进行了地表温度的定量反演；基于农田防护林经营学理论，运用GIS空间分析方法，在景观尺度上进行了农田

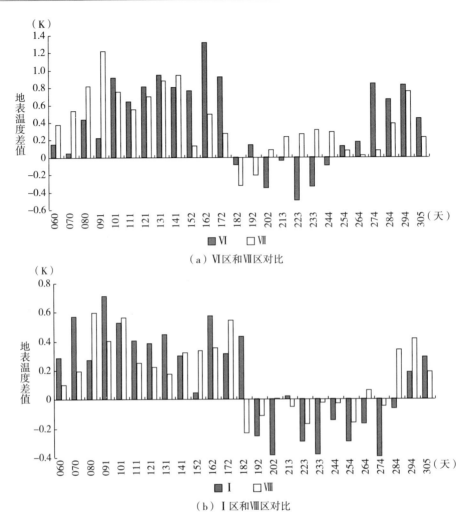

图 4-10　不同土壤类型条件下农田防护林地表温度防护效应差异

防护林地表温度的防护效应分析，得出以下主要结论：①农田防护林对地表温度的防护效应具有显著影响，农田防护林的温度效应主要体现在增温作用，并且较好防护区内的地表增温作用更为显著；②当气温温差较大时，农田防护林的温度效应具有显著差异，而且在气温较低的地区，农田的增温效应相对更为明显；③降水量的变化对农田防护林的温度效应有显著影响，并且随着降水量的增大，农田防护林对地表温度的增温效应有所减少；④土壤类型对农田防护林的温度效应无显著影响。

此研究也存在着一些问题：①对农田防护林结构的划分有待进一步细化。仅针对农田防护林林带完整性进行了分析，对于农田防护林林带的其他重要结构参数，如树高、疏透度等并未做深入探讨。②地表温度反演数据未做精确验证。由于地表温度反演所用遥感数据的空间分辨率较低（1km×1km），在地面上很难进行同步监测，没有对地表温度反演结果进行精确验证。③由于数据收集的限制，进行分区时所用年降水量和年均气温数据为多年平均值，但气候要素往往在年际之间有较大的波动性，如果能采用研究时间段内的降水量和日均温度数据应更具科学性。

第二节　农田防护林对作物干旱防护效应遥感监测

一、农田防护林防护区域等级划分

（一）农田防护林和土地利用数据获取

同样以德惠市、农安县、榆树市和扶余市作为研究区域，选用的遥感数据为 2020 年 5 月 28 日的 Landsat-8 遥感卫星数据。利用处理后的遥感影像，采用目视解译方法进行农田防护林信息提取。

研究区域的土地利用数据来自中国科学院资源环境科学与数据中心。该数据是基于美国陆地卫星 Landsat TM 影像，通过人工目视解译生成。2020 年中国土地利用数据是在 2015 年土地利用遥感监测数据的基础上，基于 Landsat-8 遥感影像，通过人工目视解译生成。土地利用类型包括耕地、林地、草地、水域、居民地和未利用土地 6 个一级类型及 25 个二级类型。

（二）农田防护林防护区域等级划分

农田防护林对作物干旱的影响，主要是在林带背风面使有害风速降为无害风速，在其防护区域产生防护效应。根据相关研究，假设林带背风面防护面积与风向（θ）和林带高度（H）有关。将研究区域根据风向不同分为不同区域，每个区域的风场视为一个光源点，风向与正北方向的夹角为方位角，林带高度与防护距离的正切值为高度角，则林带高度的阴影面积即为防护面积。根据相关研究，林带风速一般在 10H（H 为树高）左右处恢复到最初水平，假设林带平均高度为 20m，则其防护距离约为 200m，据此可确定风场点源的高度角。从农业气象大数据系统分别获得扶余市、农安县、榆树市、德惠市四个地区在 2020 年 5 月 28 日的风向数据，据此可确定风场点源的方位角。类似于利用地表高程数据生成阴影面积的方法，可生成林带对应的观测当日防护面积。将整个研究区域划分为以 1km×1km 为标准的格网，将土地利用类型中的耕地数据与农田防护林防护区域进行叠加，位于阴影区域的耕地范围为防护区，未被阴影覆盖的耕地范围为无防护区域。提取每个格网内的处于防护区的耕地面积，并据此进行农田防护林防护区域等级划分。

统计每个单元格内防护区域和无防护区域的占比，发现研究区内在农田防护林密集的区域其防护面积与耕地面积的比例大多都在 45% 以上，而防护区域相对稀疏的区域其防护面积与耕地面积的比例大多在 18% 以下。因此，把防护区域大于 50% 的格网作为良好防护区，把防护区域小于 50% 且大于 20% 的作为中等防护区，把防护区域低于 20% 的作为无防护区。

二、作物干旱指数遥感计算

选择温度植被干旱指数（TVDI）作为指示作物干旱程度的植被，利用 Landsat-8 OLI 传感器的多光谱波段计算 NDVI，并利用 Landsat-8 TIRS 传感器的热红外波段计算地表温度，基于 LST/NDVI 特征空间法计算 TVDI。

（一）作物干旱指标——温度植被干旱指数（TVDI）的原理

LST/NDVl 特征空间：对于一个区域来说，若地表覆盖类型从裸土到密闭植被冠层，土壤湿度由干旱到湿润，则该区域每个像元的植被指数和地表温度组成的散点图呈现为梯形（Moran et al.，1994），图 4-11 表示了植被指数与地表温度的关系。对于裸土。表面温度的变化与表层土壤湿度变化密切相关。因此，点 A 表示干燥的裸露土壤（低 NDVI，高 LST），而点 B 表示湿润的裸露土壤

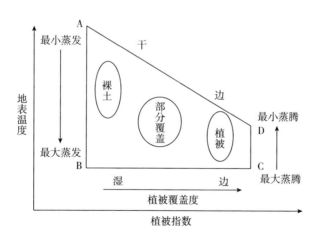

图 4-11　植被指数与 NDVI 的关系

资料来源：柳钦火等（2007）。

（低 NDVI，低 LST）。一般情况下，随着植被覆盖度的增加，表面温度降低，即点 D 表示干旱的密闭植被冠层（高 NDVI，高 LST），土壤干旱，植被蒸腾弱；点 C 表示湿润的密闭植被冠层（高 NDVI，低 LST），土壤湿润，植被蒸腾强。AD 表示干边，代表低蒸散，干旱状态；BC 表示湿边，代表潜在蒸散，湿润状态。这说明某一区域某一时段内 NDVI 与地表温度的理论特征空间，区域内每一像元的 NDVI 与地表温度值将分布在由 A、B、C、D 四个极点构成的 LST/NDVI 特征空间内，LST/NDVI 特征空间可以被看作由一组土壤湿度等值线组成的空间。

实际上，对于局部地区来说，由于茂密植被面积小，像元数少，并且土壤含水量接近，冠层温度差异小，所以某一时刻某一区域的遥感图像的散点图常为三角形（Price，1990），这说明该区域缺少上下边界条件。梯形的 AD 边称为干边，理论上土壤相对含水量等于 0；BC 边称为湿边，其土壤湿度为田间持水量，即土壤相对含水量等于 100%。在此基础上，Sandhoh 等（2002）提出了 TVDI 的概念和计算方法，具体公式如下：

$$TVDI = (T_s - T_{smin}) / (T_{smax} - T_{smin}) \tag{4-21}$$

$$T_{smin} = a + b \cdot NDVI \tag{4-22}$$

$$T_{smax} = c + d \cdot NDVI \tag{4-23}$$

其中，T_s 为该点的地表温度值，T_{smax} 为在这一点处，对应 NDVI 的地表温度最高值，T_{smin} 为在这一点处，对应 NDVI 的地表温度最低值，根据所有点 NDVI 对应的 T_{smax}，拟合出散点图的干边方程；根据所有点 NDVI 对应的 T_{smin}，拟合出散点图的湿边方程，TVDI 的范围是 0~1。

（二）数据处理

对 Landsat-8 遥感卫星数据进行辐射定标和大气校正。辐射定标主要是将其像元值更改为辐射亮度，然后利用辐射定标后的数据进行大气校正，大气校正的主要目的是获取真实的地表反射率，并消除气体分子和气溶胶在大气环境中对地物反射率的影响。

1. 辐射定标

辐射定标的目的就是为了消除传感器因为外界因素产生的各种误差，将原始的 DN 值通过计算，变成辐射亮度值。其计算公式为：

$$L_\lambda = Gain \times DN + Bias \tag{4-24}$$

其中，L_λ 为辐亮度或辐射度，是地物在大气顶部的辐射能量值，其单位是 $W \cdot m^{-2} \cdot sr^{-1} \cdot \mu m^{-1}$，Gain 为增益，其单位是 $W \cdot m^{-2} \cdot sr^{-1} \cdot \mu m^{-1}$，DN 为遥感影像像元亮度值，Bias 为偏差，单位为 $W \cdot m^{-2} \cdot sr^{-1} \cdot \mu m^{-1}$。

2. 大气校正

大气校正，顾名思义就是消除光谱信息通过大气时所产生的所有影响，由于大气层和大气层外的密度不相同，当光通过两种不同介质时，会发生折射和偏移，并且大气中含有很多可以改变折射率的因素，如大气含水量、各种气体的浓度等，由于这些因素的影响，使用卫星影像不能够精确地获得可靠数据，所以需要进行大气校正来消除大气影响，获得地表真实的光谱信息。

使用 ENVI 软件中的 FLAASH 大气校正工具进行大气校正处理。该研究区域位于 124°23′27″E ~ 127°13′13″E，43°41′42″N ~ 45°32′54″N，大气模型参数（Atmospheric Model）选择中纬度夏季（Sub-Arctic Summer），根据成像月份和纬度信息依据表 4-6 规则选择。

表 4-6 数据经纬度与获取时间对应的大气模型

纬度（°N）	1 月	3 月	5 月	7 月	9 月	11 月
80	SAW	SAW	SAW	MLW	MLW	SAW

纬度（°N）	1月	3月	5月	7月	9月	11月
70	SAW	SAW	MLW	MLW	MLW	SAW
60	MLW	MLW	MLW	SAS	SAS	MLW
50	MLW	MLW	SAS	SAS	SAS	SAS
40	SAS	SAS	SAS	MLS	MLS	SAS
30	MLS	MLS	MLS	T	T	MLS
20	T	T	T	T	T	T
10	T	T	T	T	T	T
0	T	T	T	T	T	T

注：表中 SAW（Sub-Arctic Winter）为亚北极冬季，MLW（Mid-Latitude Winter）为中纬度冬季，SAS（Sub-Arctic Summer）为亚北极夏季，MLS（Mid-Latitude Summer）为中纬度夏季，T（Tropical）为热带。

（三）TVDI 遥感反演

1. 地表温度反演

利用覃志豪等（2001）提出的单窗算法来反演出地表温度，其中用到了 Landsat-8 TIRS 的热红外波段数据，计算公式如下：

$$T_s = \{a(1-C-D)+[b(1-C-D)+C+D]T_b - D \cdot T_a\}/C \tag{4-25}$$

$$C = \varepsilon \cdot \tau \tag{4-26}$$

$$D = (1-\tau) \cdot [1+(1-\varepsilon) \cdot \tau] \tag{4-27}$$

式中，$a = -67.355351$，$b = 0.458606$（地面温度范围为 0~70℃）；ε 为地表比辐射率；τ 为大气透过率；T_b 为有效的传感器温度（单位为 K），其传感器温度受到外界因素影响，可以通过 Landsat-8 影像中的第十波段热红外波段，运用普朗克定律计算得到；T_a 为大气平均有效温度（单位为 K），具体计算公式如下：

$$\begin{cases} T_a = 16.0110 + 0.92621T_0\ (\text{中纬度，夏季}) \\ T_a = 19.2704 + 0.91118T_0\ (\text{中纬度，冬季}) \\ T_a = 17.9769 + 0.91715T_0\ (\text{热带}) \end{cases} \tag{4-28}$$

可由大气平均温度 T_0 计算，地表比辐射率 ε 主要根据 Sobrino 等（2001）提出的基于地表覆盖类型的混合像元模型改进而计算得到，该模型主要根据 NDVI 值对地表进行分类赋值。分别将水体、裸土、完全植被覆盖及植被和裸土混合像元根据 NDVI 进行分类，地表比辐射率由以下公式计算得到：

$$\varepsilon = 0.004 \cdot FVC + 0.986 \tag{4-29}$$

式（4-29）中，FVC 为植被覆盖度。

大气透过率 τ 可由大气平均温度 T_0 和大气剖面总水汽含量 w（单位为 g/cm^2）计算，具体计算公式为：

大气温度较高条件下（$T_0 = 35℃$）：

$$\begin{cases} \tau = 0.97429 - 0.08007w \quad (w = 0.4 - 1.6 g/cm^2) \\ \tau = 1.031412 - 0.115367w \quad (w = 1.6 - 3.0 g/cm^2) \end{cases} \tag{4-30}$$

大气温度较低条件下（$T_0 = 18℃$）：

$$\begin{cases} \tau = 0.982007 - 0.09611 \quad (w = 0.4 - 1.6 g/cm^2) \\ \tau = 1.053710 - 0.14142 \quad (w = 1.6 - 3.0 g/cm^2) \end{cases} \tag{4-31}$$

该研究区域在 5 月 28 日的平均气温为 21.5℃，所以大气透射率可通过式（4-31）计算：

$$\tau = 1.05371 - 0.14142w \tag{4-32}$$

式（4-32）中，w 为大气水分含量。其中 w 可由杨景梅和邱金桓（2002）研究中的空气水分与大气水汽压的关系得到，由以下计算获得：

$$e = 0.61083 \exp \frac{17.27(T_0 - 273)}{237.3 + T_0 - 273} \cdot RH \tag{4-33}$$

$$w = t_0 + t_1 e \qquad (4-34)$$

式中，e 为绝对水汽压（单位为 kPa）；RH 为相对湿度。从农业气象大数据系统可得研究区域 2020 年 5 月 28 日平均相对湿度为 35%，近地表温度约为 294.5K。t_0 和 t_1 为经验参数，分别取值为 0.0786 和 0.1662，本式中绝对水汽压的单位为 hPa。

2. TVDI 计算

利用 Landsat-8 遥感图像对应波段计算得到 NDVI 和地表温度数据，提取 NDVI 和地表温度的特征空间，设定 NDVI 的步长为 0.01，对相同 NDVI 值下的地表温度最高值、最低值进行提取，并拟合干边、湿边方程。如果采用全域拟合方法，由于水体、噪声及其他因素的影响，使干湿边的变化趋势为非线性（见图 4-12（a））。为去除这些因素的影响，对相应数值进行累计概率分布计算，并取累积概率分布为 5% 的位置作为线性拟合的最小值，取累积概率分布为 95% 的位置作为线性拟合的最大值。在该区间内的拟合效果见图 4-12（b），对比可以发现其拟合效果优于全域拟合方法。

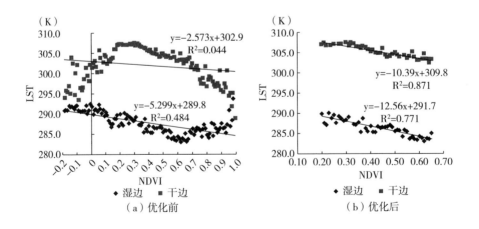

图 4-12　干湿边拟合曲线前后对比

基于干湿边拟合方程，可以得到干湿边参数 a、b、c、d 分别为 -10.39、309.8、-12.56、291.7。将其代入式（4-22）和式（4-23）可得研究区域的 TVDI 值。对 TVDI 反演结果分为如下 5 级：湿润（0<TVDI<0.2）、正常（0.2<TVDI<0.4）、轻旱（0.4<TVDI<0.6）、干旱（0.6<TVDI<0.8）和重旱（0.8<TVDI<1.0），得到研究区域 TVDI 的空间分布。

三、农田防护林对作物干旱的防护效应分析

根据农田防护林防护区不同的防护等级，提取相应的 TVDI 均值，比较农安县、榆树市、扶余市、德惠市四个地区的三个等级防护区 TVDI 的差异，分析不同区域内农田防护林对作物干旱程度的影响，并且根据年平均气温、年平均降水量、土壤类型等因子，分析不同立地条件对农田防护林防护效应的影响。

（一）总体分析

选取研究区域内防护区较好的单元格，分别统计所有单元格内防护区和无防护区的 TVDI 平均值并进行分析。结果表明农田防护林内的良好防护区的 TVDI 数值与中等防护区的 TVDI 数值有明显差异，并且中等防护区与无防护区的 TVDI 数值也具有明显的差异，表明虽然在不同区域，但是农田防护林对地表温度都具有防护效应。整个研究区域内，防护林良好防护区的 TVDI 均值为 0.670，中等防护区的 TVDI 均值为 0.681，无防护区的 TVDI 均值为 0.692，防护林良好防护区与中等防护区的 TVDI 差值为 0.011，中等防护区与无防护区的 TVDI 差值为 0.011。结果可得，每个防护区之间 TVDI 差值约为 0.011，因此农田防护林对作物干旱有防护作用。

为了进一步分析农田防护林在不同地区对作物干旱的影响，分别研究四个不同区域农田防护林对其作物干旱的影响，不同防护等级区 TVDI 的均值见图 4

-13。该图反映了整个研究区域内，不同地区农田防护林防护区和无防护区的
TVDI 差异。结果显示，农安县无防护区和中等防护区的 TVDI 差异不明显，良
好防护区与无防护区的 TVDI 差异较小；榆树市良好防护区的 TVDI 值最低，与
无防护区的 TVDI 差异也较为明显；德惠和扶余两地区的 TVDI 值高于农安县，
并且防护区与无防护区的 TVDI 差异较大。

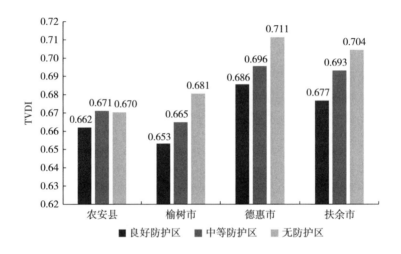

图 4-13　研究区域中四个不同地区 TVDI 对比

（二）不同立地条件下农田防护林对作物干旱的防护效应

基于研究区域的生态分区结果，分析气温、降水和土壤类型等不同立地条
件下农田防护林对作物干旱的防护效应。

1. 气温对农田防护林作物干旱防护效应的影响

从生态分区中找出土壤类型和降水量相同但是气温不同的区域（见表 4-5），
并确定Ⅲ、Ⅴ、Ⅷ这三个分区，其土壤类型为黑土，年降水量在 500～600mm，

温度范围分别为 4.5~5.0℃、4.0~4.5℃、5.0~5.5℃。将这三个区域的良好防护区与中等防护区的 TVDI 进行差值计算，并将中等防护区与较差防护区的 TVDI 进行差值计算，对比不同防护等级的 TVDI 差异，见图 4-14。如果 TVDI 差值是正值，则表示农田防护林对作物干旱有防护效应；反之，则表示农田防护林对作物干旱无防护效应，甚至起相反作用。

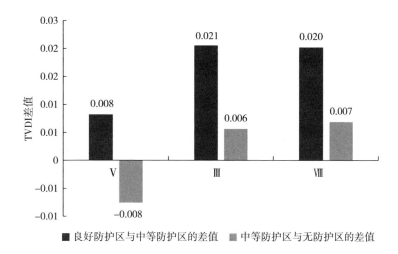

图 4-14　不同气温条件下农田防护林防护效应差异

从图 4-14 中可以看出，农田防护林较高防护等级相较于下一等级均有较为明显的防护效应。温度较低的区域（Ⅴ区），其 TVDI 差值较小，农田防护林对其作物干旱防护作用较小；温度较高的区域（Ⅷ区），其 TVDI 差值较大，农田防护林对其作物干旱防护作用较大。随着气温升高，农田防护林良好防护区和中等防护区的 TVDI 差值也不断变大，中等防护区和无防护区的 TVDI 差值也在变大。通过计算得出Ⅲ、Ⅴ、Ⅷ三个分区中，防护林良好防护区与中等防护区 TVDI 差值分别为 0.008、0.021 和 0.020；中等防护区与无防护区 TVDI 差值分别为 -0.008、0.006 和 0.007。因此得出，气温每升高 0.5℃，农田防护林良好防护区与中等防护区 TVDI 的差值平均增加 0.006，中等防护区与无防护区 TVDI 的差值平均增加 0.002。

2. 降水对农田防护林作物干旱防护效应的影响

从生态分区中选出土壤类型和气温相同，但是降水量不同的区域（见表 4-5）分析降水对农田防护林作物干旱防护效应的影响。最终选择Ⅱ和Ⅲ两个分区，其土壤类型均为黑土，温度在 4.5~5.0℃，降水量分别为 600~700mm、500~600mm。将这两个区域的良好防护区与中等防护区的 TVDI 进行差值计算，并对中等防护区与无防护区的 TVDI 进行差值运算，结果见图 4-15。从图 4-15 中可以发现，降水较多的Ⅱ区，TVDI 差值较大，其防护效果更好。随着降水的增加，农田防护林对作物干旱的防护效应有所提高。降水量每增加 100mm，农田防护林良好防护区与中等防护区 TVDI 的差值平均增加 0.004，中等防护区与无防护区 TVDI 的差值平均增加 0.013。

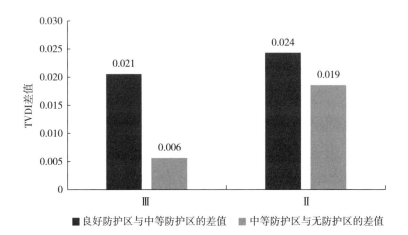

图 4-15　不同降水条件下农田防护林防护效应差异

3. 土壤类型对农田防护林作物干旱防护效应的影响

从生态分区中选出年平均气温和年平均降水量相同，但土壤类型不同的区域（见表4-5）分析土壤类型对农田防护林作物干旱防护效应的影响。最终选择Ⅰ和Ⅷ两个分区及Ⅵ和Ⅶ两个分区。前者气温在5.0~5.5℃，降水量为500~600mm，土壤类型分别为黑钙土和黑土；后者气温在4.5~5.0℃，降水量为400~500mm，土壤类型分别为黑钙土和风沙土。将这两个区域的良好防护区与中等防护区的TVDI进行差值计算，并对中等防护区与无防护区的TVDI进行差值运算，结果如图4-16所示。

从图4-16（a）中可以看出，黑钙土（Ⅰ区）相对于黑土（Ⅷ区）来讲，其TVDI差值较大，防护效果有较为明显的差异。通过计算，Ⅰ区黑钙土的农田防护林良好防护区与中等防护区的TVDI差值为0.020，中等防护区与无防护区的TVDI差值为0.007；Ⅷ区黑土的农田防护林良好防护区与中等防护区的TVDI差值为0.009，中等防护区与无防护区的TVDI差值为−0.001。农田防护林对黑钙土的防护效果优于对黑土的防护效果。

从图4-16（b）中可以看出，风沙土（Ⅶ区）相对于黑钙土（Ⅵ区）来讲，其TVDI差值较大，防护效果有较为明显的差异。通过计算，Ⅵ区黑钙土的农田防护林良好防护区与中等防护区的TVDI差值为0.009，中等防护区与无防护区的TVDI差值为−0.001；Ⅶ区风沙土的农田防护林良好防护区与中等防护区的TVDI差值为0.022，中等防护区与无防护区的TVDI差值为0.012。农田防护林对风沙土的防护效果优于对黑钙土的防护效果。

黑土在形成过程中受到很多因素的影响，由于长年累积，黑土地的土壤有机物含量较高，易生长植物，对土壤水分有较好的保持作用。黑钙土是黑土的前身，在黑土未完全沉积前，会以黑钙土的形式存在于土壤之间，黑钙土的成分大多为粉状颗粒，土状的含量相对较少，所以黑钙土对土壤水分的保持效果相对于黑土来讲较差，更易遭受风蚀。风沙土主要是由沙砾组成，其他土壤含量较少，对土壤水分基本无保持效果。结合农田防护林对土壤类型的防护效果可以发现，农田防护林对固水能力越弱的土壤，防护效益越高，防护效果越好。

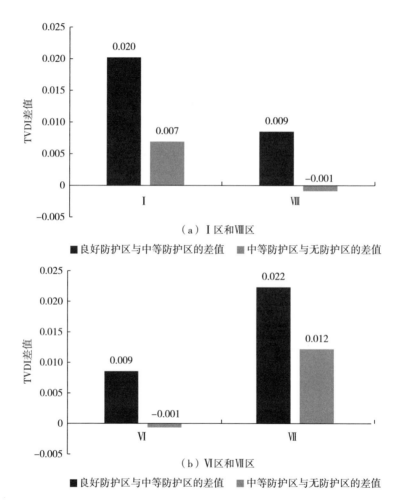

图 4-16　不同土壤类型下农田防护林防护效应差异

本节从作物旱情监测入手，利用 Landsat-8 遥感卫星影像数据，根据不同地区内因风向不同对防护林防护区域的影响，分析农田防护林对作物干旱的防护效应，并进一步分析了年平均气温、年平均降水及土壤类型等因素对农田防护林防护效应的影响程度并得出以下结论：①农田防护区良好防护区的 TVDI 值整体低于中等防护区的 TVDI 值，中等防护区的 TVDI 值整体低于无防护区的 TVDI 值，农田防护区相对于无防护区更加湿润，作物干旱水平更低；②年均气温较低的区域，农田防护林对其作物干旱防护作用较小，年均气温较高的区域，农田防护林对其作物干旱防护作用较大，即随着气温的升高，农田防护林对作物干旱的防护效应呈增加趋势；③年均降水量较多的区域，农田防护林对作物干旱的防护效果较好，年均降水量较少的区域，其防护效果相对降低，即随着降水的增多，农田防护林对作物干旱的防护效应呈增加趋势；④在不同土壤类型中，农田防护林对作物干旱的防护效果不同，风沙土中农田防护林对作物干旱的防护效应优于黑钙土，黑钙土中农田防护林对作物干旱的防护效应优于黑体，即固水能力较弱和更易受风蚀影响的土壤类型，农田防护林的防护效应能够更好地发挥。

第五章　农田防护林经济效应
遥感监测与评价

第四章利用遥感手段监测了农田防护林对农田水热环境的影响，农田防护林通过改善农田小气候环境，起到了保护农田的效果，并体现在农作物的稳产增产方面。本章围绕农田防护林的经济效应，运用遥感方法获取农田防护林信息，使用 MODIS 影像监测研究区域的作物生长状况，以作物长势、作物生产潜力和作物产量等作为指标，评价农田防护林对作物长势和作物产量的影响。

第一节　农田防护林对作物长势影响的遥感评价

作物长势与作物产量具有较强的相关性，而作物长势可通过遥感手段更为直观地监测。为了能够从区域尺度、长时间序列上快速、准确地掌握农田防护林对作物的防护程度，以作物长势分析代替作物产量来评价农田防护林的经济效应。利用 16d 合成 250m×250m 空间分辨率的 MODIS NDVI 数据，获取作物生长期内的 NDVI 时间序列曲线，来监测作物的长势状况，通过对比农田防护林防护区域与无防护区域的作物长势，分析农田防护林对作物的防护效应。

一、农田防护林防护区域划分

选择德惠市、农安县、榆树市、扶余市所辖范围作为研究区域，并选择2008年6月12日的Landsat-5 TM影像提取农田防护林和土地利用数据。基于遥感影像的土地信息解译精度按照1∶100000比例尺数据标准实施，将研究区域的土地利用类型分为耕地、林地、草地、水域、建设用地、未利用地六类一级类，具体分类体系及解译标志可参考相关研究成果（刘纪远等，2003；张树文等，2006）。依据农田防护林的解译标志和标准，使用人工目视解译方法进行研究区域农田防护林信息提取。在农田防护林和土地利用解译结果的基础上，根据姜凤岐等（2003）的研究成果，假设农田防护林的防护距离为200m，将解译的农田防护林数据做左右各200m的缓冲，并与土地利用类型中的耕地进行叠加，取两者的重叠区域作为农田防护林的防护区，未被该缓冲区覆盖的耕地范围作为无防护区。

二、研究区域的玉米长势遥感监测

从NASA网站下载2008年3月5日（第65天）至2008年10月31日（第305天）中的16天合成250m×250m空间分辨率的MODIS NDVI数据，经过拼接、投影转换、研究区域裁切、尺度因子转换、去除异常值等处理，最终生成研究区域内GRID格式的NDVI数据。从土地利用数据中提取出耕地信息，作为研究区域的分析区。

农田防护林会对耕地像元的NDVI值产生影响，假设一个耕地像元内的NDVI由两部分组成：

$$NDVI = NDVI_l \times fv_l + NDVI_z \times (1-fv_l) \qquad (5-1)$$

其中，NDVI 为耕地像元内的 NDVI 值，$NDVI_l$ 为农田防护林的 NDVI 值，fv_l 为农田防护林在该像元内的覆盖度，$NDVI_z$ 为作物的 NDVI 值。

那么，由式（5-2）可得出作物 NDVI 值的计算公式：

$$NDVI_z = (NDVI - NDVI_l \times fv_l) / (1-fv_l) \qquad (5-2)$$

假定林地 NDVI 受到立地条件的干扰较小，并且在同一时间点上为常数。通过计算研究区域内 NDVI 值的累积概率分布，取累积概率在 95.5% 附近的 NDVI 值作为 $NDVI_l$；同时，通过野外测量，得到农田防护林的林下宽度为 20m 左右，因此将解译的农田防护林数据做左右各 10m 的缓冲，作为农田防护林的覆盖区，并将整个研究区域划分为以 250m×250m 为单元的格网，计算每个格网单元内落入的农田防护林缓冲多边形的面积，并除以格网面积，作为农田防护林的覆盖度 fv_l，然后根据式（5-2）计算作物的 NDVI 值。

三、农田防护林对作物长势的影响分析

（一）作物长势对比分析

作物生长曲线的形态变化可以很好地反映作物的生长状况变化，与作物产量密切相关（代立芹等，2006）；曲线累积值指作物生长形成的曲线周期内所有 NDVI 的累积值，可以反映作物生长的物质积累过程，农作物特定生育期内 NDVI 的积分与其最终生物量（或产量）有较好的相关关系（Wiegand et al.，1991）。图 5-1 反映了整个研究区域内，作物从 2008 年 3 月 5 日（第 65 天）至 2008 年 10 月 31 日（第 305 天）的生长期内，农田防护林防护区和无防护区的平均作物长势变化。利用配对样本 T 检验方法，对各时间段内农田防护林防护区和无防护区的 NDVI 值进行显著性检验，显著性水平 P = 0.014<0.05。结果表

明，农田防护区内的作物长势与无防护区内的作物长势具有显著性差异。整个研究区域内，作物生长期内的 NDVI 累积值（各时间点 NDVI 值之和）在农田防护区为 7.12，在无防护区为 7.05。因此，农田防护区内的 NDVI 累积值较无防护区增加了 0.07，农田防护林对作物长势具有明显的促进作用。

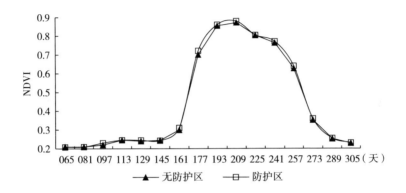

图 5-1　研究区域内作物平均生长曲线对比

为了进一步分析农田防护林对作物各生长阶段的防护情况，依据研究区域作物的物候特点，将研究区域的作物生长过程分为三个阶段：①作物生长初期，2008 年 3 月 5 日（第 65 天）至 2008 年 6 月 9 日（第 161 天），该阶段为播种前、播种和出苗期；②作物生长中期，2008 年 6 月 25 日（第 177 天）至 2008 年 8 月 28 日（第 241 天），该阶段为拔节、抽穗和灌浆期；③作物生长后期，2008 年 9 月 13 日（第 257 天）至 2008 年 10 月 31 日（第 305 天），该阶段为乳熟、成熟和收割期。利用配对样本 T 检验方法，分别对各生长阶段内农田防护区和无防护区的 NDVI 进行显著性检验。结果显示，第一阶段内显著性水平 P = 0.356>0.05，第二阶段内显著性水平 P = 0.004<0.05，第三阶段内显著性水平 P = 0.374>0.05。由此说明，在作物生长的初期和后期，农田防护区内作物长势与无防护区内作物长势无显著性差异，但在作物生长的中期存在显著性差异。

在整个研究区域内，作物生长中期的 NDVI 累积值在农田防护区为 4.04，在无防护区为 3.99。因此，在作物生长的中期，农田防护区的 NDVI 累积值较无防护区增加了 0.05。该时期是作物由枝叶成长结束至果实颗粒开始生长的转换期，此处较大的 NDVI 差异表明，在农田防护林的防护区内，作物在生长发育过程中所处的环境更适宜，胁迫程度更低，营养器官发育更为良好，为花期的进行奠定了更好的物质基础。

（二）不同立地条件下农田防护林对作物长势的影响分析

根据研究区域生态分区结果，分析不同立地条件下农田防护林防护区和非防护区内作物长势差异，并分析不同立地条件对农田防护林防护效应的影响程度。

1. 气温对农田防护林防护效应的影响

从分区中选取土壤类型和降水相同，但气温不同的 Ⅴ、Ⅲ、Ⅷ 三个分区（见表 4-5），其土壤类型为黑土，年降水量在 500~600mm，温度范围分别为 4.0~4.5℃、4.5~5.0℃、5.0~5.5℃。为了便于分析农田防护林的防护效果，将各分区内、各时间段上的防护区与无防护区的 NDVI 值进行差值运算，如果为正值，则农田防护林促进了作物生长，反之，则抑制了作物生长。以此为基础，分析气温的不同对农田防护林防护效应的影响（见图 5-2）。从图中可以看出温度较低的区域（Ⅴ 区），农田防护林在作物生长初期防护作用较小，在作物生长中后期防护作用较大；温度较高的区域（Ⅷ 区），农田防护林在作物的整个阶段都有较明显的作用，在作物生长初期的防护效果尤为明显。分别在作物的三个生长阶段内，利用单因素方差分析，对三个分区内各时间段上的 NDVI 差值进行显著性检验。结果显示，Ⅴ、Ⅲ 区在各时间段上的 NDVI 差值均无显著性差异，Ⅴ 区和Ⅷ区与Ⅲ区和Ⅷ区在三个生长阶段上均存在显著性差异。由此得出，随着气温的升高，农田防护林对作物长势的防护效应有显著提高。通过计算得出Ⅴ、Ⅲ、Ⅷ三个分区中，作物生长期内农田防护区与无防护区 NDVI 累积值的差值分别为 0.08、0.09 和 0.12。因此得出，气温每升高 0.5℃，农田防护区与无防护区的 NDVI 累积值的差值平均增加 0.02。

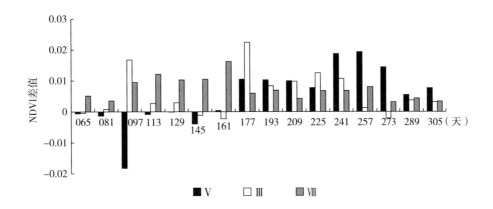

图 5-2　不同气温条件下农田防护林防护效应差异

注：Ⅴ、Ⅲ、Ⅷ区土壤均为黑土，年降水量均为 500~600mm。

2. 降水对农田防护林防护效应的影响

从分区中选取土壤类型和气温相同，但降水量不同的Ⅲ、Ⅱ两个分区（见表 4-5），其土壤类型为黑土，温度在 4.5~5.0℃，降水量分别为 500~600mm、600~700mm。将两个分区内、各时间段上的防护区与无防护区的 NDVI 进行差值运算。在此基础上，分析降水量的不同对农田防护林防护效应的影响（见图 5-3）。从图 5-3 中可以发现，对于降水较多的Ⅱ区，在作物生长初期的防护效果好于Ⅲ区，作物生长的中期和后期差异不太明显。分别在作物的三个生长阶段内，利用配对样本 T 检验方法，对两个分区内各时间段上的 NDVI 差值进行显著性检验。结果显示，在作物生长初期，显著性水平 P＝0.035<0.05，存在

显著性差异；在作物生长中期，显著性水平 P = 0.092 > 0.05，无显著性差异；在作物生长后期，显著性水平 P = 0.774 > 0.05，无显著性差异。由此说明，在作物生长的初期，随着降水的增加，农田防护林对作物长势的防护效应有显著提高。通过计算得出，在Ⅲ区、Ⅱ区两个分区中，作物生长初期的农田防护区与无防护区 NDVI 累积值的差值分别为 0.02 和 0.05。因此得出，在作物生长的初期，降水量每增加 100mm，农田防护区与无防护区 NDVI 累积值的差值增加 0.03；在作物生长的中期和后期，降水的增加对农田防护林的防护效果无显著影响。

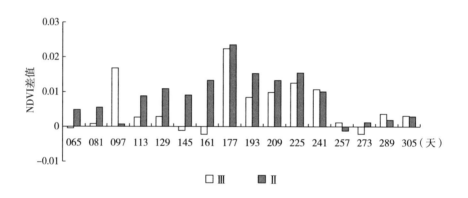

图 5-3 不同降水条件下农田防护林防护效应差异

注：Ⅲ、Ⅱ区土壤均为黑土，年平均气温均为 4.5~5.0℃。

3. 土壤类型对农田防护林防护效应的影响

从分区中选取降水量和气温相同，但土壤类型不同的两对子区，分别为Ⅶ、Ⅵ和Ⅰ、Ⅷ（见表 4-5）。前者气温范围在 4.5~5.0℃，降水量为 400~500mm，土壤类型分别为风沙土和黑钙土；后者气温范围在 5.0~5.5℃，降水量为 500~600mm，土壤类型分别为黑钙土和黑土。同样将各分区内农田防护林防护区与无防护区的 NDVI 进行差值运算。在此基础上，分析土壤类型的不同对农田防护林防护效应的影响（见图 5-4）。

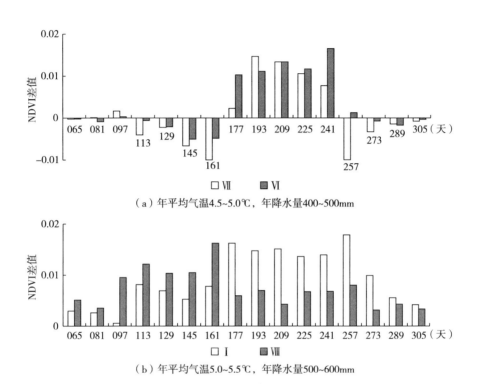

（a）年平均气温4.5~5.0℃，年降水量400~500mm

（b）年平均气温5.0~5.5℃，年降水量500~600mm

图 5-4　不同土壤类型下农田防护林防护效应差异

从图 5-4（a）中可以看出，Ⅶ区和Ⅵ区在作物生长的初期和后期出现负效应，仅在作物生长的中期有较好的防护效果，这可能与两分区的降水较少、气温较低有关。利用配对样本 T 检验方法，分别对两个分区内各生长阶段的 NDVI 差值进行显著性检验。结果显示，三个生长阶段内，两个分区各时间段上的 NDVI 差值间显著性水平均大于 0.05。由此说明，土壤类型对农田防护林防护效应的影响无显著差异。

从图 5-4（b）中可以看出，在作物生长的初期，Ⅰ区的防护效果略好于Ⅷ

区，但在作物生长的中期和后期，Ⅷ区的防护效果又略好于Ⅰ区。利用配对样本 T 检验方法，分别对两个分区内各生长阶段的 NDVI 差值进行显著性检验。结果显示，三个生长阶段内，两个分区各时间段上的 NDVI 差值显著性水平均小于 0.05，各生长阶段的作物长势虽有显著差异，但土壤类型的作用效果并不一致（在作物生长初期，Ⅰ区的防护效果优于Ⅷ区，在作物生长中期和晚期，则反之），这可能与两个分区内的降水和气温均较高有关，因此无法判定土壤类型对农田防护林防护效应的影响存在显著差异。

本节从作物长势监测入手，利用 16d 合成的 MODIS NDVI 数据，从区域尺度上分析了农田防护林对作物的防护效应，并进一步分析了气温、降水、土壤类型等因素对农田防护林防护效应的影响程度，得出以下结论：①农田防护区的作物长势整体优于无防护区，并且在作物生长的旺季最为明显。②随着气温的升高，农田防护林对作物的防护效应呈明显增加趋势，气温每升高 0.5℃，在作物生长期内，农田防护区与无防护区的 NDVI 累积值的差值增加 0.02。③随着降水的增多，在作物生长的初期，农田防护林对作物长势的防护效应呈明显增加趋势，在该时期内，降水量每增加 100mm，农田防护区与无防护区的 NDVI 累积值的差值增加 0.03；但在作物生长的中期和后期，降水的增加对农田防护林的防护效果无显著影响。④土壤类型对农田防护林作物长势的防护效应无显著差异。

本节使用遥感数据替代传统的地面实测方法，实现了在区域尺度上评价农田防护林对作物的防护效应。从区域尺度研究农田防护林的防护效应，能够进一步了解农田防护林在不同立地条件下的整体防护效果，相比于林网尺度内的地面监测，结论更具有普遍性。但遥感影像中混合像元的存在，会对作物监测造成影响，因此尽量精确地提取像元中的作物信息是必要的。使用作物长势指标代替作物产量，可以更加精确地分析了农田防护林对作物不同生长阶段的防护效应。虽然该指标为定性指标，无法进行地面验证，但其可以实现作物生长状态的动态监测，并与作物产量有很好的相关性。

第二节　农田防护林对作物产量影响的遥感评价

为了进一步评估农田防护林的经济效应，利用多时相遥感影像识别农田防护林的经营阶段和生长状态，建立农田防护林防护效应的综合判定模式，并以作物生产潜力和作物产量为指标，分别在作物的高中低产区，统计分析不同防护效应下的平均作物产量，据此分析在具有基本一致的作物生产潜力下，农田防护林对作物单产的影响。

一、农田防护林防护状态等级划分

（一）研究区域选择与数据处理

在之前研究区域的基础上，选择吉林省长春市北部，包括农安县、德惠市、扶余市等部分区域的"三北"防护林工程重点建设区为研究样区。该地区地处松辽平原中部，土壤肥沃，为吉林省玉米主产区之一。同时，该区属温带半湿润大陆性季风气候，受季风影响，风蚀危害比较严重，严重影响了粮食的生产安全。为此，我国在 20 世纪 50 年代就开始了农田防护林建设，经过多年的建设与经营，特别是自 1978 年实施"三北"防护林体系建设工程以来，该地区已基本实现了网、带、片，林、路、渠相结合的农田林网化，风沙危害农田的现象基本得到控制，为保障农业稳产高产起到了重要的作用。

选取了覆盖样区的 1987 年 10 月 25 日、1993 年 10 月 9 日、1997 年 6 月 14

日的 Landsat-5 TM 数据、1999 年 10 月 18 日的 Landsat-7 ETM 数据、2002 年 6 月 4 日的 Landsat-5 TM 数据、2005 年 5 月 27 日的 Landsat-7 ETM 数据和 2008 年 6 月 12 日的 Landsat-5 TM 数据。在经过几何精校正等预处理的基础上，使用 432 假彩色合成影像，进行人机交互式解译，分别提取各时相的农田防护林分布信息。在此基础上，基于农田防护林经营阶段的遥感识别方法获取单条林带的经营阶段，并对 2008 年 6 月 12 日的 Landsat-5 TM 数据提取农田防护林分布的同时，利用 NDVI 值判断农田防护林的生长状态，将其分为好、中、差三级。

（二）单条林带经营阶段的遥感识别

无论是天然林还是人工林，生长发育阶段的划分是林业分类经营的重要基础（朱教君等，1993），同时也决定着防护效应的好坏。姜凤岐和朱教君（2002）和朱教君等（2002）将防护林的生长发育过程划分为三个经营阶段：①成熟前期，即自栽植后形成相对稳定的幼林开始到初始防护成熟龄所持续的时间；②防护成熟期，由初始防护成熟龄到终止防护成熟龄所持续的时间，即防护成熟状态持续的时期；③更新期，从林木达到终止防护成熟龄或更新龄时开始更新直到更新结束，即相对稳定的幼林形成的时期。

在以上防护林经营阶段划分标准的基础上，邓荣鑫等（2010）利用多时相遥感影像，提出了农田防护林经营阶段的遥感识别方法，将农田防护林林带划分为已更新期、成熟前期、成熟期和成熟后期四个经营阶段，基于该方法对农田防护林的经营阶段进行识别。

（三）单条林带生长状态判定

农田防护林作为农田景观中由树木组成的廊道网络系统，在遥感影像中不仅具有一般植被所共有的光谱特征，还表现出其独特的线性几何特征。选择合适时相的遥感影像，通过人工交互式解译的方法提取农田防护林的分布信息，并通过 NDVI 值确定阈值，将农田防护林的生长状态划分为好、中、差三级，在区域尺度上实现利用遥感影像监测农田防护林林带的生长状态。

（四）单条林带防护效应判定模式构建

通过上述关于农田防护林经营阶段划分的标准可以看出，在成熟期和成熟后期的农田防护林可以达到很好的防护效果；在成熟前期由于防护林尚未完全成熟，因此其防护效果稍差；而更新期即幼林形成的时期，基本无防护效果。此外，对于相同经营阶段的防护林，由于病虫害或人为砍伐等因素的影响，部分林带长势较差，将会在一定程度上影响农田防护林的防护效果。因此，综合考虑农田防护林林带的经营阶段和生长状态，构建单条林带防护效应判定模式如表 5-1 所示。

表 5-1　农田防护林单条林带防护效应判定模式

生长状态	防护效应			
	成熟期	成熟后期	成熟前期	已更新
好	1	1	2	4
中	2	2	3	4
差	3	3	4	4

注：数值越小，表示防护效应越好。

（五）农田防护林防护效应空间化

姜凤岐等（1994）通过对我国东北地区西部林带标准地的长期观测发现，具有不同疏透度的林带均在迎风面 10H 至背风面 20H 范围内产生明显的防护作用（H 表示林带高度），在此范围内为有效防护距离。我国东北地区农田防护林的主要树种为杨树，通过选择样点实测，树高一般在 18~25m。因此，基于

GIS 空间分析技术，对各林带建立 250m 范围的缓冲区，表示各林带的有效防护范围。

在此基础上，为了实现农田防护林防护效应的空间化，通过建立 250m× 250m 规则格网分割整个研究区域，然后在每个格网内通过下式计算防护效应值。

$$PE = \sum_{i=1}^{m} \left(\frac{A_i}{62500} \times \frac{1}{P_i^2} \right) \tag{5-3}$$

式（5-3）中，PE 为防护效应值，A_i 为各级林带的缓冲区，即有效防护范围的面积，P_i 为每个格网所包含的各级林带的防护效应值，m 为每个格网所包含的林带个数。在计算得到每个格网的防护效应值后，通过格式转换，得到反映农田防护林防护效应的栅格数据，空间分辨率为 250m。

利用单条林带防护效应判定模式及其空间化的方法，首先利用多时相遥感影像提取研究区域的林带分布信息，并确定每条林带的经营阶段，以及 2008 年单条林带的生长状态分级。综合考虑林带的经营阶段和生长状态，根据表 5-1 确定每条林带的防护效应。其次，每条林带以 250m 距离做缓冲区，表示该林带的有效防护范围，对于不同级别林带缓冲区重叠地区，取级别较小的值代表该区域。根据式（5-3）分别在 250m 规则格网中计算防护效应，最终得到研究区域农田防护林防护效应的空间分布。

二、作物生产潜力和作物产量遥感评估

（一）数据获取与处理

通过实地走访调查，研究样区玉米于 2009 年 4 月下旬种植，经过出苗、拔节、抽穗、灌浆、腊熟等生物期，至 9 月下旬收获。因此，下载获取来自

NASA/EOSLPDAAC 数据分发中心 2009 年 4 月 23 日至 2009 年 9 月 29 日的 MOD13Q1-NDVI 数据集，时间分辨率为 16d，空间分辨率为 250m。通过 MODIS 网站提供的专业处理软件 MRT（MODIS Reprojection Tool）对下载的数据完成拼接、裁切、投影转换等处理，最终生成研究区域 2009 年玉米生长季的 NDVI 数据集，用于估算 2009 年的玉米产量。

　　所用气象数据包括 2009 年 4 月 23 日至 9 月 29 日的逐日平均气温、最高最低气温、降水、日照时数、风速及相对湿度等数据，主要用于估算玉米的单产；以及 1971~2000 年玉米生长季（5~9 月）的月平均气温、降水、风速和相对湿度等数据用于计算生产潜力，数据来源于中国气象数据网。对下载的数据经反距离加权插值获取与 NDVI 数据具有相同投影和空间分辨率的栅格数据。

　　此外，为了计算作物生产潜力中的土壤有效系数，收集了研究区域土壤质地、pH 值、有机碳含量等土壤性状及养分信息，数据来源于国家自然科学基金委员会"中国西部环境与生态科学数据中心"。DEM 为美国地质调查局的 SRTM 数据，分辨率为 90m，来源于中国科学院计算机网络信息中心地理空间数据云。

　　2009 年 9 月进行了野外数据采集，布设样点覆盖整个研究样区，主要包括固定采样和随机采样两部分。对每个固定样点沿防护距离布设三个采样点，并在每个采样点随机采集三个玉米样本，经实验室烘干后称重，获取各样本玉米单株粒重、地上生物量和总生物量，取其平均值作为该玉米采样点的实际测量值，并测量了玉米种植的株距和行距，用以估计玉米地上生物量及收获指数。随机采样点分布在整个研究区域及其周边地区，测量的主要参数为玉米单株产量及种植的株距和行距，该部分实测数据用来对估算的玉米单产进行精度验证。

(二) 作物生产潜力分区

作物产量受到自然和人为等多种因素的影响，而区域作物生产潜力直接反映了该地区的气候生产力水平和光、温、水、土等资源配合协调的程度及其空间差异。由于旨在分析农田防护林对于作物产量的影响，为了剔除自然生态因子的影响，选择通过估算区域生产潜力分析农田防护林对作物产量的影响。

机制法是应用最为广泛的作物生产潜力计算方法（王宗明等，2005）。该方法根据作物生产力的形成机理，考虑光、温、水、土等自然生态因子，依据作物能量转化及产量形成过程，进行逐步"衰减"来估算生产潜力（党安荣等，2000）。计算公式为：

$$Y = Q \times f(Q) \times f(T) \times f(W) \times f(S) \tag{5-4}$$

其中，Y 为作物生产潜力，Q 为作物生育期太阳总辐射，$f(Q)$ 为光合有效系数，$f(T)$ 为温度有效系数，$f(W)$ 为水分有效系数，$f(S)$ 为土壤有效系数。

利用研究区域的气象、地形、土壤等资料，将作物生产力逐步衰减模型与 GIS 空间分析中的 GRID 建模相结合，建立作物生产潜力模型。在作物生产潜力估算结果的基础上，利用 GIS 将其分为三级，分别代表作物的高、中、低产区。

(三) 作物单产遥感估算

以往对于区域尺度上作物单产的遥感估算，主要是建立产量—遥感光谱指数的简单相关关系，但是这种估算模式没有明确的生物物理机制，难以真正反映作物的生长发育过程，区域外推的适用性不高（徐新刚等，2008）。

目前，作物产量估算应用较为广泛的是作物生物量—产量模式，首先利用光能利用率模型，基于遥感信息数据估测作物的地上生物量，然后通过收获指数校正地上生物量，进而得到作物产量，其计算公式如下（Bastiaanssen and

Ali，2003；Moriondo et al.，2007）：

$$Yield = B \times HI \tag{5-5}$$

$$B = \sum APAR \times \varepsilon \tag{5-6}$$

其中，Yield 为作物产量，B 为生长季的地上生物量，HI 为作物收获指数，APAR 为吸收的光合有效辐射，ε 为光能利用率，具体计算方法可参考相关文献（朱文泉等，2005；Tao et al.，2005）。

（四）研究区域作物生产潜力估算与分区

利用机制法，对玉米生长季太阳总辐射，通过光、温、水、土等衰减，计算得到了研究区域玉米的生产潜力。在此基础上，利用 GIS 将研究区域按照玉米的生产潜力划分为高、中、低产区。

（五）研究区域玉米单产遥感估算结果

利用光能利用率模型估算了研究区域 2009 年玉米生长季的地上生物量，在此基础上，通过收获指数修正得到研究区域的玉米单产。其中，最大光能利用率和收获指数是决定估算结果精度的两个重要参数，利用野外采样数据，通过线性拟合确定了研究样区最大光能利用率和收获指数分别为 3.0751g/MJ 和 0.4595。计算得出玉米单产遥感估算结果，并通过随机采样点的实测数据对估算结果进行了验证，估算结果的绝对误差为 467.75kg/ha，相对误差为 5.43%，基本达到了大范围作物单产估计精度的要求。

从估算结果可以看出，研究区域的北部地区由于多为风化土或盐碱土，风蚀危害严重，因此该地区玉米单产相对较低，而研究区域南部农安县地区，土壤多为肥沃的黑土，玉米产量较高。

三、农田防护林对作物产量的影响分析

在高、中、低产区分别统计不同防护效应下玉米单产的变化情况。从图 5-5 中可以看出，在低产区，从无防护林分布即未能形成有效的防护能力，到防护林初具规模即防护效应达到 70% 左右，玉米单产一直呈现上升趋势，增产率达到 8.85%，之后有升有降，基本达到稳定状态。在中产区，在防护效应达到 40% 之前，玉米单产一直增加，增产率约为 6.81%。在高产区，从无防护

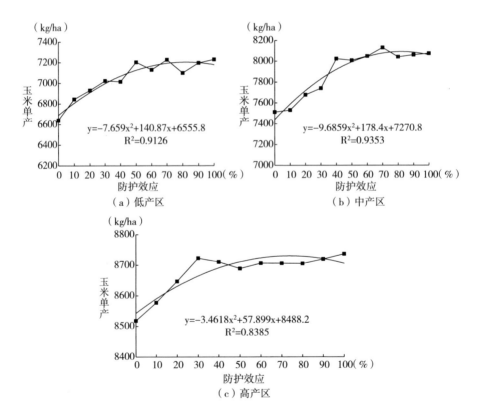

图 5-5　不同的土地生产潜力下农田防护林防护效应对玉米单产的影响

效应到防护效应达到30%，玉米单产同样表现出显著的增产趋势，增产率约为2.4%，之后随着防护效应的提高，玉米单产有所下降，然后趋于稳定。

从以上分析可以看出，尽管研究区域温度、水分、土壤等自然条件存在空间异质性，使得玉米的生产潜力有所差异，但无论在高、中还是低产区，当农田防护林防护效应达到某一临界值时，均存在不同程度的增产作用。但是，在不同生产潜力分区中，农田防护林的增产作用存在差异。随着自然生态条件变好，土地生产潜力增大，防护效应临界值和增产率不断减少，说明在立地条件较差、风害危害严重的低产区，农田防护林的增产效果更加显著，这也是在这些地区大力开展农田防护林建设的初衷之一。在中、高产区，基本具备适宜玉米生长发展的环境条件，风沙危害较小，因此当农田防护林防护效应相对较低时，尚存在一定程度的增产作用，而此后随着防护林建设规模的扩大，林带对光照等小气候环境的影响不利于玉米进行光合作用，玉米干物质积累能力受到影响。此外，由于林木根系与玉米根系在水分和养分上的竞争，产生胁地效应，从而影响了林缘附近玉米的籽粒质量，因此当防护效应达到一定程度后，防护林的增产作用减弱，甚至会造成减产。

为了在区域尺度上分析评价农田防护林对作物产量的影响，本节基于多源多时相遥感影像和GIS空间分析技术，提出了农田防护林对作物产量影响的评价方法体系。基于此方法，以吉林省长春市北部地区为研究样地，分析评价了农田防护林对玉米单产的影响：①在不同的生产潜力分区内，农田防护林对玉米均存在不同程度的增产作用。在自然条件较差的低产区，农田防护林的增产作用更加显著；在高产区，当农田防护林的防护效应达到某一临界值后，随着防护林种植面积的扩大，农田防护林的增产效果将不甚明显，而且由于胁地效应的影响，可能在部分地区造成减产。②在农田防护林的规划建设中，应根据不同的立地条件，因地制宜，在占地面积最小的情况下，达到稳产增产的作用，发挥农田防护林最大的综合效益。

综合 RS 和 GIS 技术从区域尺度上分析农田防护林对作物产量的影响，解决了以往样地实测方法以点带面的缺点，丰富了空间信息技术在农田防护林防护效应研究方面的技术手段，使得评价结果在区域尺度上更能科学合理地说明农田防护林的增产效益，并为农田防护林的经营管理提供科学依据。

第六章　农田防护林生态效应
遥感监测与评价

农田防护林在改善农田小气候环境，保障作物稳产增产的同时，兼具维护生物多样性等生态效应，而且农田防护林本身还具备涵养水源、减少土壤侵蚀、保持土壤肥力、改良土壤、固碳释氧等生态效益。本章围绕农田防护林的生态效应，运用遥感方法获取农田防护林信息，以东北地区典型的土壤侵蚀类型——沟蚀作为研究对象，分析农田防护林对侵蚀沟的影响程度。同时，结合农田防护林分布现状，选择适当的生态效益评价指标，评价农田防护林生态效益发挥的程度。

第一节　农田防护林对侵蚀沟影响的遥感监测

东北黑土区是中国重要的商品粮基地，但是严重的水土流失给其粮食产量带来了严峻的考验。农田防护林在侵蚀防治方面可以起到积极的作用（Shi et al.，2010；陈平等，2010；马浩等，2010）。当前学者们针对东北黑土区在防护林带与土壤侵蚀方面的研究主要对小流域内防护林带的分布规律和浅沟侵蚀规律进行分析（苏子龙等，2012a）或者根据坡耕地侵蚀沟发育特点与防护林带分布的相关关系提出防护林带分布的优化方案（苏子龙等，2012b）。以 RS 和 GIS 技术作为支持，采用 2008 年 TM 影像和 2007 年的 SPOT5 影像作为数据源，获取农田防护林和侵蚀沟分布数据，从大的空间尺度层面分析东北黑土区农田防护林和沟蚀之间的耦合关系，挖掘黑土区农田防护林对沟蚀的防护特点，为有针对性地进行沟蚀防治提供科学指导，为维护国家的粮食安全和地区生态、经济和社会的可持续发展服务。

一、侵蚀沟信息遥感提取

（一）研究区域选择

选择东北典型黑土区中的克山县为研究区域，该县位于黑龙江省西部地区，属于齐齐哈尔市辖县，该县辖 15 个乡镇，经纬度范围为 125°07′E~126°44′E、47°42′N~48°34′N，总面积约 3322km²。该区位于松嫩平原与小兴安岭的过渡地带，其东北部、中部地区为丘陵区，西南部地区为平原区，呈现出东北高西南低的地势，该区平均海拔高度 236m，乌裕尔河在该区南部地区穿过，讷谟尔河流经北部地区。气候上该区属于温带季风气候，雨热同季，日照终年充足，1 月平均气温为-22.0℃，7 月平均气温为 21.9℃，全年平均气温为 1.87℃，有效积温 2400℃，降雨集中在 6~8 月，年降水量为 499mm，无霜期在 122 天左右，年平均风速 4m/s。县域主要土壤类型为黑土，与局部草甸土、黑钙土相间分布。该县是我国重要的商品粮试点基地之一，有"大豆之乡""北国粮仓"之称，近年来人口数量的急剧增加，给当地生态环境带来了严重的影响，植被破坏严重，水土流失加剧，土地退化问题日益突出，使该区成为东北黑土区中土壤侵蚀最为严重的地区。

（二）数据获取与处理

1. 侵蚀沟数据

沟蚀为水蚀的一种，是流水被约束在某一局地范围内的线状侵蚀方式，根据沟谷规模的大小可以分为浅沟、切沟、冲沟、坳沟。本部分所要研究的侵蚀沟是在 SPOT5 影像上能清晰反映出来的分布于耕地中的切沟程度以上的农田侵蚀沟，此种沟谷和坡面之间具有明显的沟缘线，在侵蚀形态、方式、强度、土壤性质、土地利用、植被覆盖等方面与坡面都存在根本差别，极易识别。

所用侵蚀沟分布数据是以模拟真彩色 SPOT5 影像为基础数据源，其分辨率为 2.5m，成像时间为 2007 年 8 月 28 日。该数据的获取是在室内对侵蚀沟进行预判，主要是根据侵蚀沟影像光谱特征进行预判，针对发现的问题，于 2008 年进行了 3 天的野外调查，调查内容主要包括土壤类型、土地利用状况、岩性、侵蚀沟的发育形态参数、沟内主要沉积物和植被生长状况。调查结束后，结合侵蚀沟发育与分类理论，借助专家经验，建立了详细完整的侵蚀沟解译标志。解译标志建立后，以 ArcGIS 软件为平台，参照研究区域 1990 年地形图、土壤和植被等资料，进行人机交互式判读解译，初步形成了侵蚀沟空间分布数据。同时，于 2009 年进行了 3 天的侵蚀沟野外验证与补判工作，最终重新修正数据，获得了整个研究区域 2007 年的侵蚀沟分布数据，其解译精度在 95% 以上。

2. 林带数据获取

选取标准假彩色合成的 TM 影像作为获取农田防护林数据的基础数据源，

所用影像成像时间为 2008 年 6 月 12 日，分辨率为 30m。选用该季相的主要原因是在 5 月或 6 月中上旬，农田防护林与作物的光谱特征可以较好地区分，可以避免防护林与作物的混分。在对农田防护林解译的初期，依据影像特征和专家经验，建立解译标志，在标准假彩色影像中的农田防护林的特征为线状、红色，并且具有较规则的网状结构，据此初步获取了研究区域的农田防护林的空间分布数据。初步解译完成后，为了进一步了解防护林影像特征，完善解译标志，提高解译精度，进行了野外验证工作，根据野外工作建立的完整解译标志，重新修正和完善农田防护林分布数据。解译完成后，于 2008 年 9 月中旬对数据进行了实地验证和补判，然后重新修正数据，结果表明解译精度在 97% 以上，最终获取研究区域的农田防护林分布数据。

3. 地形数据

地形数据是对 1990 年的 1∶50000 地形图进行数字化，以获得地形图上的等高线和高程点作为基础高程数据，然后采用 ArcGIS 中的 TOPGRID 算法建立 30m×30m 的 DEM 模型，在 DEM 模型基础上提取坡度数据。

(三) 农田防护林和侵蚀沟密度空间分布

采用 10km×10km 的格网作为样方测量的基本单位对侵蚀沟和林带进行空间化，首先利用叠加分析功能计算每一个 10km×10km 的格网单元内的侵蚀沟密度和林带密度，然后将该密度值赋予每一格网中心点，进而利用格网中心点的密度值进行空间插值，最终生成 30m×30m 的侵蚀沟密度和林带密度空间分布数据。

二、农田防护林与侵蚀沟的关系分析

(一)农田防护林和侵蚀沟现状

基于获取的侵蚀沟和林带分布数据,研究区域当前防护林带总条数为 5279 条,总长度约为 3775km,平均林带密度为 1113.73m/km²,研究区域防护林树种主要是青杨,防护林密集地区以网状为主,部分区域呈现 L 形或 U 形,个别区域仅有单条林带,主林网的间距多在 200~500m,副林网间距在 500~1000m,造林密度西部和南部地区较高,北部和东部地区较低。研究区域侵蚀沟总条数为 2311 条,总长度约为 1419km,平均侵蚀沟密度为 418.51m/km²,研究区域侵蚀沟在数量和密度上都很严重,如果不对侵蚀沟进行有效防治,沟头的溯源侵蚀、沟壁的不断坍塌、沟底的下切运动将导致沟长、沟宽和沟深不断拓展,使得黑土区的水土流失愈发严重。研究区域防护林密度沿东北—西南方向逐渐增大,其中密度>1400m/km² 的最高区域出现在研究区域的西部和西南部地区,而侵蚀沟密度分布趋势正好相反,沿东北—西南方向逐渐减小,其最高值区域>800m/km² 出现在研究区域的东北部地区。另外,从表 6-1 中可以发现研究区域的防护林密度较大,密度>600m/km² 的区域占全区域总面积的 78.34%。其中,密度 800~1000m/km² 的区域所占面积最大,占比为 24.10%。研究区域侵蚀沟密度 200~800m/km² 的区域占全区域总面积的 91.7%,并且 200~400m/km²、400~600m/km²、600~800m/km² 区域分布面积比较均匀,占比分别为 34.02%、24.44% 和 33.24%。经对比可知,研究区域沟蚀状况非常严重,急需治理,东北黑土区农田防护林作为"三北"防护林的一部分,经过多年的经营,已经成为较为稳定和高效的人工生态系统,发挥了重要的生态效应,而侵蚀沟是动态发展的,如不有效防治,其将不断扩展,导致土地不断退化,对于粮食生产和生态安全带来巨大的危害。

表6-1 研究区域防护林和侵蚀沟密度分级统计

密度（m·km^{-2}）	防护林		侵蚀沟	
	面积（km^2）	百分比（%）	面积（km^2）	百分比（%）
<200	24.35	0.72	185.06	5.46
200~400	217.93	6.43	1152.89	34.02
400~600	491.86	14.51	828.36	24.44
600~800	522.63	15.42	1126.49	33.24
800~1000	817.03	24.10	96.51	2.85
1000~1200	661.59	19.52	0	0
1200~1400	450.46	13.29	0	0
>1400	203.64	6.01	0	0

（二）不同坡度上防护林和侵蚀沟关系

由图6-1可知，研究区域防护林密度随着坡度的增加，呈现出减少的趋势，对其线性拟合发现两者之间存在较好的线性关系（R^2=0.918）；侵蚀沟密度则随着坡度的增加，呈现出增加的趋势，对其线性拟合发现两者之间也存在线性关系（R^2=0.885），但是相关性不如防护林密度与坡度的高；但对坡度<8°的地区的侵蚀沟密度和坡度做线性拟合发现两者之间存在高度的相关性（R^2=0.981），说明当坡度<8°时，随着坡度增大，侵蚀密度也相应地增大；坡度>8°以后的侵蚀沟密度变化不大，分别为670.84m/km^{2}和672.87m/km^2，这说明，当坡度<8°时，坡度在侵蚀沟的形成发育上是一个具有重要影响的因子，而当坡度>8°时，坡度对侵蚀沟的发育影响减弱，其他影响侵蚀沟发育的因素，如汇水面积、坡长等因素可能起到更为重要的作用，使得坡度对于沟蚀的影响减弱。在拜泉县的相关研究中，学者们也得出坡度8°是临界坡度，当坡度>8°时，区域沟蚀形成影响因素更加复杂化，需做更加深入的研究（闫业超等，2007）。

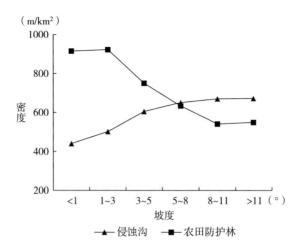

图 6-1 不同坡度下防护林和侵蚀沟密度

对于防护林和侵蚀沟来说，可以发现，随着坡度的增加，防护林密度和侵蚀沟密度变化总体上呈现相反趋势，随着防护林密度减小，侵蚀沟密度是增加的，这说明防护林具有抑制沟蚀产生的作用。进一步分析可知在坡度<1°和坡度在1°~3°两个坡度处，防护林密度变化不大，分别为 914.95m/km^2 和 922.07m/km^2，而其对应的侵蚀沟密度仍然增大，从 440.47m/km^2 增大到 502.42m/km^2，这说明排除防护林密度影响，坡度在沟蚀形成发育中具有重要的作用。在坡度>8°两个不同的坡度范围内，防护林密度变化不大，分别为 540.77m/km^2 和 548.97m/km^2，而侵蚀沟密度也无明显变化，分别为 670.84m/km^2 和 672.87m/km^2，这进一步说明坡度在沟蚀的形成上影响微弱。可见，在防护林营造上，要根据不同的地形部位特征，因地制宜，适度营造防护林，实现经济效益和生态效应的最大化，较好地实现侵蚀防治。

（三）侵蚀沟密度与距农田防护林距离的关系

农田防护林作为农业生态系统的重要组成部分，在防御自然灾害、防风固沙、保水固土、涵养水源等方面发挥了功能，而距林网的距离是研究这些生态功能的重要方法（范志平等，2002；范志平等，2004）。黑龙江省防护林营造初期以 500m×500m 规格的防护林网为主，但是此种规格的林网偏大，使得其防护效应未能得到充分发挥，从 1978 年以后，逐渐开始实行"小网窄带"的农田防护林优化模式，以此改善防护林的防护效应（郝宏，2001）。研究区域内主林带的间距主要在 200~500m，可以发现，随着距林带距离的增加，侵蚀沟密度呈现出逐渐增大的趋势（见图 6-2），从 419m/km^2 增大到 504.80m/km^2，这说明距林带距离远近影响林带对于沟蚀的防护效果。进一步分析发现，在不同的距离下，林带对于沟蚀的防护效果是不同的，在小于 120m 的林带防护距离内，侵蚀沟密度增加微弱，从 419m/km^2 增大到 428.14m/km^2；在 120~240m 的防护距离内侵蚀沟密度增长较快，从 441.66m/km^2 增大到 464.98m/km^2；在 240m 以外的防护距离内侵蚀沟密度增长最快，增长到 504.80m/km^2。据此可以得出，防护林对于沟蚀的防护距离，在距林带 120m 之内的防护距离内，其对沟蚀防护效应基本一样，而大于此距离防护效应开始逐渐减弱，在 120~240m 之内的防护距离内，防护效应是随着距离增加呈现线性递减的趋势，而在 240m 以外的

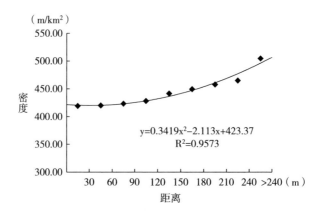

图6-2 距防护林不同距离下的侵蚀沟密度

距离，防护林对于沟蚀的防护作用已经非常微弱。研究表明，林带根系能够较好地改善土壤酶活性，但是随着林带距离的增加土壤酶活性逐渐减少，防护林降低风速、截流水分的作用减弱，防止侵蚀的作用也随之减弱（查同刚等，2004；高函等，2010；王文彪等，2013）。

因此，对于东北黑土区合理配置防护林网间距对于沟蚀防治具有重要意义，距离过大不能起到良好的侵蚀防治效果，而距离过小又浪费人力物力，同时防护林胁地效应影响作物的生长。当前研究区域南部和东部地区农田防护林主林带的间距主要在200~300m，而西部、中部和北部地区防护林破碎化较为严重，主林带的间距在400~600m，研究区域的林带间距过大，影响了防护效应的发挥。徐海和夏焕柏（1997）引入临界坡长的概念来作为防护林间距配置的标准，而在嫩江市的研究中得出黑土区防护林带距离多大于200m，而此间距远大于沟蚀的最小临界坡长，所以导致其不能较好地起到防治沟蚀的作用（苏子龙等，2012b）。仅就沟蚀防治而言，两条林带之间的距离在120m左右就能起到很好的效果，因此加大防护林种植密度、缩小防护林带间距是防治沟蚀发生的有效方法，对于沟蚀防治具有重要的意义。

（四）农田防护林密度与侵蚀沟密度的关系

将研究区域的防护林密度分为<100m/km²、100~300m/km²、300~500m/km²、500~700m/km²、700~900m/km²、900~1100m/km²、1100~1300m/km²、1300~1500m/km²、>1500m/km²共9个等级（见图6-3），将其与侵蚀沟密度图叠加来分析防护林和侵蚀沟之间的关系。从图6-3中可以看出，总体上来说，随着防护林密度的增大，侵蚀沟密度是减少的，从702.26m/km²减少到263.69m/km²，防护林密度和侵蚀沟密度之间呈现线性关系（R²=0.9203），这说明防护林对于沟蚀的防护作用是明显的，尤其是防护林密度在500~1300m/km²，防护林对沟蚀的防护效果非常明显，呈现高度的线性相关（R²=0.9961）。在防护林密度>

1300m/km² 时，侵蚀沟密度从 315.56m/km² 减少到 263.69m/km²，这说明防护林密度在>1300m/km² 时，对沟蚀的防护效果变化不是很明显，说明较大的防护林密度并不一定起到最好的防护效果。研究表明造林密度过大，因树木之间的竞争效应，树木生长受到限制而导致退化，进而影响树木的防护效应（欧阳君祥，2015）。

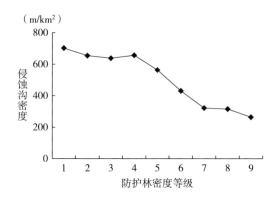

图 6-3 侵蚀沟密度随防护林密度变化

因此，在防护林的经营管理上要实现合理配置，才能使得防护效应达到最优，同时又不浪费资源。对于研究区域而言，种植密度在第 7 等级，即 1100~1300m/km² 时，侵蚀沟密度已经减少到很小，可以达到防护效果，因此该密度可以作为防护林防治沟蚀的参考种植密度。另外，防护林密度在 500~700m/km²（第 4 等级）时，侵蚀沟密度出现增大的趋势，经分析发现这主要与土地利用有关，这一区域是坡度较大的低山丘陵区，毁林开荒、陡坡耕种现象严重，这种不合理的土地利用方式导致该区侵蚀沟剧增，侵蚀沟长度和支沟数量明显高于别的区域，说明合理利用土地资源，对于沟蚀防治至关重要。除此之外，合理地对防护林进行配置对于其发挥水源涵养和水土保持效应具有重要的意义，营造乔、灌、草相结合的多树种、多层次的异龄混交林组成的多层次立体结构，可以较好地实现防护林的水土保持效益（孙尚海和张淑芝，1995）。

利用 GIS 和 RS 手段对东北黑土区农田防护林与沟谷侵蚀关系进行分析，研究表明：与人工生态系统防护林的数量、密度、长度等指标现状对比可知，研究区域的沟蚀状况非常严重，急需治理；防护林密度随着坡度的增加，呈现出减少的趋势，侵蚀沟密度则呈现出增加的趋势，两者变化呈现相反趋势，防护林具有抑制沟蚀产生的作用；当坡度<8°时，坡度对沟蚀形成具有主要作用，而当坡度>8°时，侵蚀沟形成受其他因素影响较大；防护林对沟蚀的防护效应在小于 120m 的防护距离内基本一样，在 120~240m 的防护距离随着距离增加防护效应减弱，而大于 240m 以外的防护距离内防护效应明显减弱，以 120m 作为防护林网种植间距对于沟蚀防治具有重要意义；防护林的种植密度需要在合适的范围内才能起到良好的抑制沟蚀的效果，密度在 1100~1300m/km²，防护林对沟蚀的防护效果非常明显；除此之外，合理利用土地资源和进行防护林配置，对于沟蚀防治非常重要。

第二节　农田防护林生态效益价值遥感评估

一、农田防护林生态效益评价指标

林业生态效益评估对于林业经济发展具有非常重要的作用（付海风，2021）：一是能够充分反映林业生态建设的潜在问题，从而有针对性地进行优化完善；二是能够帮助人们树立健康的社会经济发展观，推动林业经济和生态环境协调发展；三是能够推动林业生态效益核算纳入国民经济核算体系中，实现林业产业化发展。

宫伟光等（1998）经过研究分析认为，防护林体系的区域性生态效益评价指标体系应由植被指标体系和气象指标体系两部分组成，计算后构成了生态效益综合评价指数。王晓慧等（2011）选取涵养水源、减少土壤侵蚀、减少泥沙淤积、保持土壤肥力、改良土壤、固碳、释氧、吸收二氧化硫和滞留粉尘等指标，采用等权重的方法，基于 RS 和 GIS 方法针对"三北"防护林工程区内的山西省中阳县进行了生态效益评价。我国在 2015 年发布了中华人民共和国林业行业标准《防护林体系生态效益监测技术规程》，该标准中防护林体系生态效益监测指标包括水源涵养、固土保肥、净化大气、固碳释氧、积累营养物质、消减风速、保护物种、增加产量等。不同的防护林类型主要的防护目标不一，可根据防护林功能的差异对不同效益的监测有所侧重，农田防护林的主导效益为增加产量，其他效益为消减风速和固土保肥。农田防护林通过消减风速，改善了作物的生长环境，增加了产量，林带本身又具备固土保肥的作用。因此，农田防护林的增产效益和固土保肥效益是衡量其生态效益的主要指标。其中，固土保肥效益具体又包括：以土壤侵蚀量为主的固土效益和以氮、磷、钾、土壤有机质等元素流失量为主的保肥效益。

程雪婷和盛友谊（2012）以长春市城郊农田防护林为研究对象，采用替代价值法计量该区域农田防护林生态效益的货币价值，主要包括农田防护林的作物增产、防止水土流失和土壤养分流失等生态效益。

针对农田防护林作物增产效益，其计算公式如下：

$$V1 = Y \cdot A_1 \cdot P_1 \tag{6-1}$$

式（6-1）中，V1 为农田防护林增产效益值（万元·a^{-1}），Y 为粮食增产量（t·hm^{-2}·a^{-1}），A_1 为农田防护林所保护的农田面积（hm^2），P_1 为粮食市场价（万元·t^{-1}）。

针对农田防护林防止水土流失效益，其计算公式如下：

$$V2 = A \cdot P_2 \cdot (Z_2 - Z_1) \tag{6-2}$$

式（6-2）中，V2 为农田防护林防止水土流失效益值（万元·a^{-1}），A 为农田防护林面积（hm^2），P_2 为类似工程建筑及维修的最低费用（万元·t^{-1}），Z_2 为无林地水土流失量（t·hm^{-2}·a^{-1}），Z_1 为有林地水土流失量（t·hm^{-2}·a^{-1}）。

针对农田防护林防止土壤养分流失效益，其计算公式如下：

$$V3 = A \cdot P_3 \cdot R \cdot (Z_2 - Z_1) \tag{6-3}$$

式（6-3）中，V3 为农田防护林防止土壤养分流失效益值（万元·a^{-1}），A 为农田防护林面积（hm^2），P_3 为氮、磷、钾肥平均价格（万元·t^{-1}），R 为土壤中氮、磷、钾含量（kg·t^{-1}），Z_2 为无林地泥沙流失量（t·hm^{-2}·a^{-1}），Z_1 为有林地泥沙流失量（t·hm^{-2}·a^{-1}）。

王晓慧等（2011）针对山西省中阳县防护林建设的土壤侵蚀价值和保持土壤肥力价值进行了估算。针对防护林的土壤侵蚀价值，采用的计算公式为：

$$V4 = 0.01 \cdot A \cdot P_4 \cdot (X - Z)/(D \cdot S) \tag{6-4}$$

式（6-4）中，V4 为年减少土壤侵蚀价值（万元·a^{-1}），A 为防护林面积（hm^2），P_4 为单位面积防护林地年均收益（万元/hm^2），X 为无林地平均土壤侵蚀模数（t·hm^{-2}·a^{-1}），Z 为防护林地土壤侵蚀模数（t·hm^{-2}·a^{-1}），S 为土壤容重（t·m^{-3}），D 为土壤耕作层厚度（cm）。

针对防护林保持土壤肥力价值，采用的计算公式为：

$$V5 = A \cdot (X - Z) \cdot \sum (Y_i \cdot H_i/B_i) \tag{6-5}$$

式（6-5）中，V5 为年保持土壤肥力价值（万元·a^{-1}），A 为防护林面积（hm^2），X 为无林地平均土壤侵蚀模数（t·hm^{-2}·a^{-1}），Z 为防护林地土壤侵蚀模数（t·hm^{-2}·a^{-1}），Y_i 为土壤中氮、磷、钾含量（%），H_i 为氮、磷、钾肥料价格（万元·t^{-1}），B_i 为化肥中氮、磷、钾的折纯率（%）。

王冰（2018）针对辽宁省沿海防护林体系的防止土壤侵蚀价值和保持土壤肥力价值进行了生态效益评估。针对林分固定价值，其采用的计算公式为：

$$V6 = A \cdot C_{\pm} \cdot (X_2 - X_1) / \rho \tag{6-6}$$

式（6-6）中，V6 为林分年固土价值（万元·a^{-1}），A 为防护林面积（hm^2），$C_{\pm}$ 为挖取运输单位体积土方费用（万元·m^{-3}），X_2 为无林地土壤侵蚀模数（$t \cdot hm^{-2} \cdot a^{-1}$），$X_1$ 为林地土壤侵蚀模数（$t \cdot hm^{-2} \cdot a^{-1}$），$\rho$ 为林地土壤容重（$t \cdot m^{-3}$）。

针对林分保肥价值，其采用的计算公式为：

$$V7 = A \cdot (X_2 - X_1) \cdot \left(N \cdot \frac{C_1}{R_1} + P \cdot \frac{C_1}{R_2} + K \cdot \frac{C_2}{R_3} + M \cdot C_3 \right) \tag{6-7}$$

式（6-7）中，V7 为林分年保肥价值（万元·a^{-1}）；A 为防护林面积（hm^2），X_2 为无林地土壤侵蚀模数（$t \cdot hm^{-2} \cdot a^{-1}$），$X_1$ 为林地土壤侵蚀模数（$t \cdot hm^{-2} \cdot a^{-1}$），N、P、K 分别为林分土壤平均含氮、磷、钾量（%），M 为土壤有机质含量（%），C_1 为磷酸二铵化肥价格（万元·t^{-1}），C_2 为氯化钾化肥价格（万元·t^{-1}），C_3 为有机质价格（万元·t^{-1}），R_1 为磷酸二铵化肥含氮量（%），R_2 为磷酸二铵化肥含磷量（%），R_3 为氯化钾化肥含钾量（%）。

二、长春地区农田防护林生态效益遥感评估

（一）研究区域与数据源

在之前德惠市、农安县、榆树市等研究区域的基础上，选择长春地区作为研究样区，进行该区域农田防护林生态效益评价。该研究区域包括长春地区的榆树市、农安县、德惠市及长春市市辖区（南关区、宽城区、朝阳区、二道区、

双阳区、绿园区、九台区）七个行政区，未包括公主岭市。该研究区域位于
43°15′N～45°15′N，124°32′E～127°06′E，位于松辽平原的中心地带，农田防护
林以杨树为主要类型。

基于农田防护林遥感识别最佳窗口期，并考虑云量等因素的影响，选择以
2020 年 5 月 28 日过境的 Landsat-8 OLI 遥感影像作为主要数据源，以 2019 年 6
月 2 日过境的 Landsat-8 OLI 遥感影像作为补充。以该区域已校正的遥感影像作
为参考影像，对获取的遥感影像进行几何校正。

（二）农田防护林信息提取

研究区域的土地利用数据来自中国科学院资源环境科学与数据中心。该数
据是基于美国陆地卫星 Landsat TM 影像，通过人工目视解译生成。土地利用类
型包括耕地、林地、草地、水域、居民地和未利用土地 6 个一级类型及 25 个二
级类型。

土地利用分类数据无农田防护林信息，采用计算机分类方法进行农田防护
林信息提取：首先利用遥感影像数据，采用支持向量机分类方法提取影像中的
植被信息；其次提取土地利用分类数据的耕地类型，利用耕地掩膜提取耕地中
的植被信息；最后利用形状指数去除其中的面状林地和零星林地，获取农田防
护林信息。

（三）农田防护林生态效益价值评估

依据 2015 年中华人民共和国林业行业标准《防护林体系生态效益监测技术
规程》，确定农田防护林生态效益的评价指标为农田增产效益和固土保肥效益。
在具体计算中，由于缺少统计数据，参考程雪婷和盛友谊（2012）使用的计算
方法和统计资料，采用网格法将研究区域划分为 5km×5km 的网格，以网格为单
元进行长春地区农田防护林生态效益评估。

1. 作物增产效益价值

根据 2020 年吉林省农业农村厅和长春市国民经济和社会发展统计公报等相关资料，得到长春市 2020 年玉米播种量约为 2023.8 万亩，年产量约 990.2 万吨，合计单产为 7.34t·hm^{-2}·a^{-1}。根据吉林省"三北"防护林建设中提供的资料，长春市农田防护林促使粮食增产幅度约为 12%。以该区域主要作物类型——玉米增产进行测算，增产量约为 0.88t·hm^{-2}·a^{-1}，2020 年玉米价格约为 0.24 万元·t^{-1}。按防护林防护距离为 200m 进行缓冲，获取农田防护林保护的农田面积，利用式（6-1）可计算出农田防护林作物增产效益。长春地区农田防护林增产效益的空间分布如图 6-4 所示。

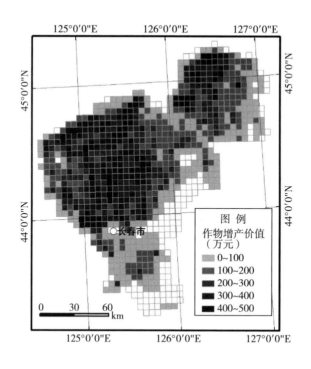

图 6-4　2020 年长春地区农田防护林作物增产效益值分布

2. 固土效益价值

农田防护林具有保土功能，各类土地的平均土壤流失量如表 6-2 所示。

表 6-2　不同地类平均土壤流失量

地类	有林地	疏林及未成林地	宜林无林地	草地	坡耕地
土壤流失量 （$t \cdot hm^{-2} \cdot a^{-1}$）	0.80	5.58	15.54	0.85	45.90

资料来源：程雪婷和盛友谊（2012）。

由表 6-2 可知，有林地较宜林无林地可减少土壤流失量 $14.74 t \cdot hm^{-2} \cdot a^{-1}$。农田防护林可保障农田、水库、铁路、公路、河道等土地和设施不被严重破坏。参照类似工程建筑和维修的最低费用为 293 元 $\cdot t^{-1}$。与宜林无林地相比较，农田防护林每年可防止泥沙流失量的货币价值可参照式（6-2）进行计算。长春地区农田防护林固土效益的空间分布如图 6-5 所示。

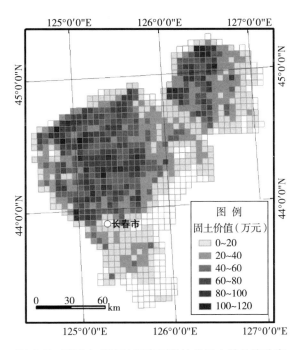

图 6-5　2020 年长春地区农田防护林固土效益值分布

3. 保肥效益价值

水土流失将带走大量的养分，致使土壤沙化，肥力降低，农田防护林可以有效减少森林土壤养分的流失。根据资料报道，在同等强度降雨时，荒地流失泥沙约 75t·hm⁻²·a⁻¹，而林地流失泥沙仅为 0.05t·hm⁻²·a⁻¹。通常土壤含氮、磷、钾为 23kg·t⁻¹，林地较荒地少流失 1724kg·hm⁻²·a⁻¹。氮、磷、钾肥平均价格按 2000 元·t⁻¹ 计算，折算货币价值约为 3276 元·hm⁻²·a⁻¹。与荒地相比较，农田防护林每年保肥效益的货币价值可参照式（6-3）进行计算。长春地区农田防护林保肥效益的空间分布如图 6-6 所示。

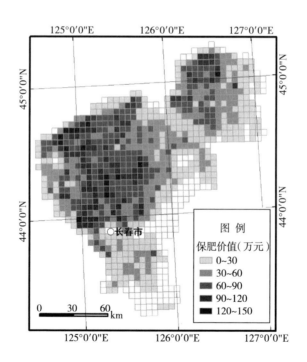

图 6-6 2020 年长春地区农田防护林保肥效益值分布

4. 农田防护林主要生态效益总值

农田防护林生态效益除增产、固土、保肥等主要指标之外，还包括水源涵养、净化大气、固碳释氧、积累营养物质、保护物种等，这些生态指标也有相应的计算和监测方法。将农田防护林的作物增产效益和固土保肥效益作为农田防护林生态效益的主要指标，并进行累积求和，可得长春地区农田防护林主要生态效益总价值图，结果如图6-7所示。

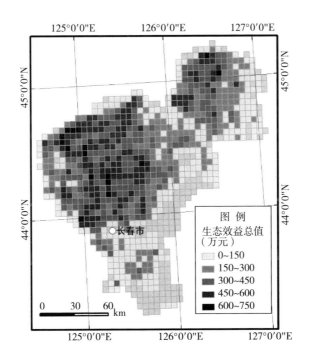

图6-7　2020年长春地区农田防护林生态效益总价值分布

长春地区的生态效益具体分布与农田防护林的分布紧密联系，农田防护林的分布越密集，该地产生的生态效益就越大。南部地区生态效益普遍偏低，主要因为该地建设用地多，农田防护林分布稀疏，产生的生态效益相对较低；东部地区山地多、平原少，农田防护林较少分布，其生态效益价值同样较低。农田防护林的分布密度从南往北、从东往西逐步增加，其产生的生态效益价值也越来越高。为了更加准确地分析各区农田防护林生态效益价值，对各区的农田防护林作物增产、固土、保肥及其总体效益进行统计，结果如表6-3所示。

表6-3　长春地区各区域农田防护林生态效益价值统计

地区	增产效益价值（万元）	固土效益价值（万元）	保肥效益价值（万元）	主要生态效益总值（万元）
长春市辖区	35184.49	6966.65	9110.46	51261.60
农安县	61563.39	13041.69	17054.93	91660.01
榆树市	33317.57	6600.10	8631.11	48548.78
德惠市	37917.37	7602.80	9942.36	55462.53
总计	167982.82	34211.24	44738.86	246932.92

从以上计算的生态效益价值来看，农田防护林产生的生态效益是非常巨大的，长春地区每年的主要生态效益（未包括水源涵养、净化大气、固碳释氧、积累营养物质、保护物种等）总价值达到246932.92万元。其中，作物增产效益价值最高，占生态效益总值的68%，《防护林体系生态效益监测技术规程》中也明确指出：农田防护林的主导效益为增加产量，其他效益为消减风速和固土保肥。农田防护林通过消减风速，改善了作物的生长环境，增加了产量。从各地区生态效益价值来看，长春市辖区和榆树市生态效益价值较少，农安县和德惠市农田防护林生态效益价值较高，尤以农安县最高。各区生态效益价值与农田防护林分布密切相关，长春市辖区建设用地占地面积多，使得农田防护林的分布密度较稀疏，从而其生态效益价值相对较低。

农田防护林的构建为长春地区提供了巨大的生态效益，其不仅控制了当地水土流失，调节当地气候，优化了农业生态环境，增强了抵御自然灾害的能力，保障了农业生产，而且还能够固碳释氧，为居民提供了良好的生活环境，达到了康养居民的生态效果。利用 GIS 评价农田防护林生态效益价值的方法高效，但也存在以下问题：农田防护林的固土保肥价值不仅局限于林带内，在防护区范围内对耕地流失量的减少也应包括进来，但由于缺失相关数据未能计算，今后应结合实测数据进行分析；农田防护林的增产效益和固土保肥效益是其主要功能，但对于其他效益，如固碳释氧等未做考虑，但这些价值同样不可忽略，今后需要借助相应的观测手段和计算方法进行补充和完善。

第七章　展望

本书围绕农田防护林防护效应的监测，依托农田防护林经营理论，综合利用 RS 和 GIS 方法，从农田防护林的水热效应、经济效应和生态效应等方面综合评价了农田防护林防护效应的发挥，相较于传统农田防护林防护效应评价方法，遥感监测具有如下优势：

在空间上，遥感可实现大范围的监测，其监测区域相较于传统监测范围更大，避免了基于定点监测时特定立地条件的限制，地表环境如温度、降水、土壤类型等立地条件更具多样性，能基于立地条件的差异分析防护效应的发挥程度。

在时间上，遥感监测数据具备同步性和周期性，在不同监测区域获取的监测数据具备时间的同步性，数据更具可比性；遥感具有周期性监测的能力，可实现时间序列的长期监测，能从更长的时间尺度层面上监测农田防护林的防护效应，能基于不同时间的差异分析防护效应的发挥程度。

利用遥感方法监测农田防护林防护效应虽具备以上优势，但也存在如下不足：

（1）农田防护林信息提取方面。本书农田防护林信息大多是利用遥感影像基于人机交互式解译的方法获取，该方法识别精度较高，但效率偏低；农田防护林信息的遥感自动提取方法也有所运用，该方法的效率高，但提取精度较人工目视解译方法偏低，而且易与零星林地信息混淆，自动提取算法还需完善。

（2）农田防护林防护状态划分方面。为评价农田防护林防护效应，划分农田防护林防护状态是评价的前提条件，但农田防护林防护状态的评价标准不一，有基于林带防护距离的划分，有基于林带完整性的划分，还有基于林带生长状态的划分，农田防护林的防护区域与林带结构、经营状态、景观结构等因素有关，农田防护林防护状态和防护区域的划分标准尚需规范。

（3）农田防护林防护效应指标的监测精度方面。本书中农田防护林防护效应的指标均使用了遥感监测的方法进行获取，有些指标如地表温度、作物长势和产量使用了 MODIS 影像获取，该影像的时间分辨率较高，可获取逐日数据，但空间分辨率偏低，增加了监测结果的不确定性；有些指标如作物干旱使用了 Landsat 影像获取，该影像的空间分辨率有所提高，但监测周期相对较长，理论上可实现基于旬或月时间尺度的监测，但受到天气因素的影响，不能保证每期数据的获取质量，农田防护林防护状态的遥感监测时空尺度有待相互融合。

（4）农田防护林防护效应指标的选择方面。本书主要针对农田防护林的水热效应、经济效应和生态效应开展监测，在每个防护效应的监测中选择 1~2 个监测指标，指标选取的原则主要是基于遥感监测的可行性，对于遥感较难监测的指标，如气温等未做考虑，监测结果可能具有片面性。另外，水热效应和经济效应是农田防护林防护效应发挥的重要方面，但本书未对极端气候条件下农田防护林防护效应的监测进行探讨，如台风影响下农田防护林对作物倒伏的影响，暴雪影响下农田防护林对积雪分布的影响等，因此涉及气象效应、经济效应和生态效应的综合评价体系尚需构建。

基于以上分析，在今后的研究中，应基于农田防护林单木—林带—林网—景观等多个尺度，综合地面、航空、航天手段，构建天—空—地立体化的农田防护林监测体系，建立更为科学合理的农田防护林防护区域的评价体系，完善农田防护林防护效应指标评价体系，并结合高空间分辨率和高时间分辨率的遥感影像，进行大尺度、长时序监测，更为科学地开展农田防护林防护效应研究，为农田防护林防护效应的科学评价提供理论支撑，为农田防护林的科学经营管理提供切实可靠的依据。

参考文献

［1］ Anding D, Kauth R. Estimation of Sea Surface Temperature from Space ［J］. Remote Sensing of Environment, 1970 (1): 217-220.

［2］ Bastiaanssen W G M, Ali S. A New Crop Yield Forecasting Model Based on Satellite Measurements Applied across the Lndus Basin, Pakistan ［J］. Agriculture Ecosystems Environment, 2003, 94 (3): 321-340.

［3］ Brandle J R. Pressure Perturbations Around Shelterbelts: Measurements and Model Results ［R］. 2000.

［4］ Brandle J R. Windbreak Technology ［R］. 1986.

［5］ Campi P, Palumbo A D, Mastrorilli M. Effects of Tree Windbreak on Microclimate and Wheat Productivity in a Mediterranean Environment ［J］. European Journal of Agronomy, 2009 (30): 220-227.

［6］ Chbouni A, Lo Seen D, Njoku E G, et al. Estimation of Sensible Heat Flux over Sparsely Vegetated Surface: Relationship between Radiative and Aerodynamic Surface Temperature ［J］. Journal of Hydrology, 1997 (188-189): 855-868.

［7］ Chehbouni A, Nouvellon Y, Kerr Y H, et al. Directional Effect on Radiative Surface Temperature Measurements over a Semi-arid Grassland Site ［J］. Remote

Sensing of Environment, 2001 (76): 360-372.

[8] Cleugh H A, Hughes D E. Impact of Shelter on Crop Microclimates: A Synthesis of Results from Wind Tunnel and Field Experiments [J]. Australian Journal of Experimental Agriculture, 2002 (42): 679-701.

[9] Franch B, Vermote E F, Becker-Reshef I, et al. Improving the Timeliness of Winter Wheat Production Forecast in the United States of America, Ukraine and China Using MODIS Data and NCAR Growing Degree Day Information [J]. Remote Sensing of Environment, 2015 (161): 131-148.

[10] Gao B C, Goetz A F H. Column Atmospheric Water Vapor and Vegetation Liquid Water Retrieval from Airborne Imaging Spectrometer Data [J]. Journal of Geophysical Research, 1992, 95 (4): 3549-3564.

[11] Geldenhuys H, Lötze E, Veste M. Fruit Quality and Yield of Mandarin (Citrus reticulata) in Orchards with Different Windbreaks in the Western Cape, South Africa [R]. 2022.

[12] Gilardelli C, Stella T, Confalonieri R, et al. Downscaling Rice Yield Simulation at Sub-Field Scale Using Remotely Sensed LAI Data [J]. European Journal of Agronomy, 2019 (103): 108-116.

[13] Gillespie A, Rokugawa S, Matsunaga T, et al. A Temperature and Emissivity Separation Algorithm for Advanced Spaceborne Thermal Emission and Reflection Radiometer (ASTER) Images [J]. IEEE Transactions on Geoscience and Remote Sensing, 1998 (36): 1113-1126.

[14] Huang J F, Wang X Z, Li X X, et al. Remotely Sensed Rice Yield Prediction Using Multi-Temporal NDVI Data Derived from NOAA's-AVHRR [J]. PLoS ONE, 2013, 8 (8): e70816.

[15] Hurtado E, Vidal A, Caselles V. Comparison of Two Atmospheric Correc-

tion Methods for Landsat TM Thermal Band ［J］. International Journal of Remote Sensing, 1996 (17): 237-247.

［16］ Idso S B, Jackson R D, Pinter P J, et al. Normalizing the Stress Degree Day for Environmental Variability ［J］. Agricultural Meteorology, 1981 (24): 45 -55.

［17］ Jaskulska R, Jaskulska J. Efficiency of Old and Young Shelterbelts in Reducing the Contents of Nutrients in Luvisols ［J］. Agriculture, Ecosystems & Environment, 2017 (240): 269-275.

［18］ Jiménez-Muñoz J C, Sobrino J A. A Generalized Single Channel Method for Retrieving Land Surface Temperature from Remote Sensing Data ［J］. Journal of Geophysical Research, 2003, 108 (D22): 4688-4696.

［19］ Kaufrnan Y J, Gao B C. Remote Sensing of Water Vapor in the Near IR from EOS/MODIS ［J］. IEEE Transactions on Geosciences and Remote Sensing, 1992, 30 (5): 871-884.

［20］ Kenney W A. A Method for Estimating Windbreak Porosity Using Digitized Photographic Silhouettes ［J］. Agricultural and Forest Meteorology, 1987 (39): 91- 94.

［21］ Kogan F N. Remote Sensing of Weather Impacts on Vegetation in Non- Homogeneous Areas ［J］. International Journal of Remote Sensing, 1990 (11): 1405-1419.

［22］ Liu Y G, Li H D, Yuan F H, et al. Estimating the Impact of Shelterbelt Structure on Corn Yield at a Large Scale Using Google Earth and Sentinel 2 Data ［J］. Environmental Research Letters, 2022 (17): 044060.

［23］ McMillin, Larry M. Estimation of Sea Surface Temperatures from Two Infrared Window Measurements with Different Absorption ［J］. Journal of Geophysical

Research, 1975, 80 (36): 5113-5117.

[24] Moran M S, Carke T R, Inoue Y, et al. Estimating Crop Water Deficit Using the Relation between Surface Air Temperature and Spectral Vegetation Index [J]. Remote Sensing of Environment, 1994 (49): 246-263.

[25] Moriondo M, Maselli F, Bindi M. A Simple Model of Regional Wheat Yield Based on NDVI Data [J]. European Journal of Agronomy, 2007, 26 (3): 266-274.

[26] Parton W J, Logan J A. A Model for Diurnal Variation in Soil and Air Temperature [J]. Agricultural Meteorology, 1981, 23 (3): 205-216.

[27] Pipunic R C, Walker J P, Western A. Assimilation of Remotely Sensed Data for Improved Latent and Sensible Heat Flux Prediction: A Comparative Synthetic Study [J]. Remote Sensing of Environment, 2008 (112): 1295-1305.

[28] Price J C. Thermal Inertia Mapping: A New View of Earth [J]. Journal of Geophysical Research, 1982 (87): 2582.

[29] Price J C. Using Spatial Context in Satellite Data to Infer Regional Scale Evapotranspiration [J]. IEEE transactions on Geosciences and Remote Sensing, 1990 (28): 940-948.

[30] Qader S H, Dash J, Atkinson P M. Forecasting Wheat and Barley Crop Production in Arid and Semi-Arid Regions Using Remotely Sensed Primary Productivity and Crop Phenology: A Case Study in Iraq [J]. Science of the Total Environment, 2018 (613-614): 250-262.

[31] Ramakrishna N, Steve R. Land Cover Characterization Using Multi-Temporal Red, Near-IR, and Thermal-IR Data from NOAA/AVHRR [J]. Ecological Applications, 1997, 7 (1): 79-90.

[32] Rasmussen M S. Operational Yield Forecast Using AVHRR NDVI Data:

Reduction of Environmental and Inter-Annual Variability [J]. International Journal of Remote Sensing, 1997, 18 (5): 1059-1077.

[33] Roberto B, Rossini P. On the Use of NDVI Profiles as a Tool for Agricultural Statistics: The Case Study of Wheat Yield Estimate and Forecast in Emilia Romagna [J]. Remote Sensing of Environment, 1993 (45): 311-326.

[34] Sandhdt I, Rasmussen K, Andersen J. A Simple Interpretation of the Surface Temperature/Vegetation Index Space for Assessment of Surface Moisture Status [J]. Remote Sensing of Environment, 2002 (79): 213-224.

[35] Shi C T, Wang E H, Gu H Y, et al. Soil Structure Characters of Different Soil and Water Conservation Plantations in Typical Black Soil Region [J]. Journal of Forestry Research, 2010 (21): 151-154.

[36] Shi X L, Li Y, Deng R X. A Method for Spatial Heterogeneity Evaluation on Landscape Pattern of Farmland Shelterbelt Networks: A Case Study in Midwest of Jilin Province, China [J]. Chinese Geographical Science, 2011, 21 (1): 48-56.

[37] Simard M, Saatchi S S, Grandi G, et al. The Use of Decision Tree and Multi scale Texture for Classification of JERS21 SAR Data over Tropical Forest [J]. IEEE Transactions on Geosciences and Remote Sensing, 2000, 38 (5): 2310-2321.

[38] Sobrino J A, Li Z L, Stoll M P, et al. Multi-Channel and Multi-Angle Algorithms for Estimating Sea and Land Surface Temperature with ATSR Data [J]. International Journal of Remote Sensing, 1996 (17): 2089-2114.

[39] Sobrino J A, Raissouni N, Li Z L. A Comparative Study of Land Surface Emissivity Retrieval from NOAA Data [J]. Remote Sensing of Environment, 2001, 75 (2): 256-266.

[40] Szajdak L, Gaca W, Augustin J, et al. Impact of Shelterbelts on Oxida-

tion-Reduction Properties and Greenhouse Gases Emission from Soils［J］. Ecological Chemistry and Engineering S, 2018, 25（4）: 643-658.

［41］Tao F L, Yokozawa M, Zhang Z, et al. Remote Sensing of Crop Production in China by Production Efficiency Models: Models Comparisons, Estimates and Uncertainties ［J］. Ecological Modelling, 2005, 183（4）: 385-396.

［42］Tennakoon S B, Murty V V N, Eiumnoh A. Estimation of Cropped Area and Grain Yield of Rice Using Remote Sensing Data ［J］. International Journal of Remote Sensing, 1992, 13（3）: 427-439.

［43］Van Thuyet D, Van Do T, Sato T, et al. Effects of Species and Shelterbelt Structure on Wind Speed Reduction in Shelter ［J］. Agroforestry Systems, 2014（88）: 237-244.

［44］Watson K, Rowen L C, Ofield T W. Application of Thermal Modeling in the Geologic Interpretation of IR Images ［J］. Remote Sensing of Environment, 1971（3）: 2017-2041.

［45］Wiegand C L, Rechardson A J, Escobar D E, et al. Vegetation Indices in Crop Assessments ［J］. Remote Sensing of Environment, 1991（35）: 105-119.

［46］Wit C T. Simulation of Assimilation, Respiration, and Transpiration of Crops ［J］. Quarterly Journal of the Royal Meteorological Society, 1979, 105（445）: 728-729.

［47］白燕英, 高聚林, 张宝林. 基于 NDVI 与 EVI 的作物长势监测研究［J］. 农业机械学报, 2019（9）: 153-161.

［48］陈平, 万福绪, 唐晓岚, 等. 苏州市胥口镇城郊防护林规划研究［J］. 北京林业大学学报（社会科学版）, 2010（1）: 90-94.

［49］陈维英, 肖乾广, 盛永伟. 距平植被指数在 1992 年特大干旱监测中的应用［J］. 环境遥感, 1994（2）: 106-112.

［50］程雪婷，盛友谊. 长春市城郊农田防护林体系生态效益计量［J］. 吉林林业科技，2012（4）：10-13.

［51］代立芹，吴炳方，李强子，等. 粮食单产遥感预测方法［J］. 农业网络信息，2006（5）：22-25.

［52］党安荣，阎守邕，吴宏歧，等. 基于 GIS 的中国土地生产潜力研究［J］. 生态学报，2000（6）：910-915.

［53］邓荣鑫，李颖，张树文，等. 基于 TM 影像的农田防护林信息提取研究［J］. 农业系统科学与综合研究，2011（1）：12-16.

［54］邓荣鑫，李颖，张树文，等. 农田防护林经营阶段的遥感识别方法［J］. 农业工程学报，2010（S2）：64-68.

［55］邓荣鑫，王文娟，李颖，等. 农田防护林对作物长势的影响分析［J］. 农业工程学报，2013（S1）：65-72.

［56］范志平，关文彬，曾德慧，等. 农田防护林人工生态工程的构建历史与现状［J］. 水土保持学报，2000（5）：49-54.

［57］范志平，孙学凯，王琼，等. 农田防护林带组合方式对近地面风速作用特征的影响［J］. 辽宁工程技术大学学报（自然科学版），2010（2）：320-323.

［58］范志平，曾德慧，陈伏生，等. 东北地区农田防护林结构对林网内积雪分布格局的影响［J］. 应用生态学报，2004（2）：181-185.

［59］范志平，曾德慧，朱教君，等. 农田防护林生态作用特征研究［J］. 水土保持学报，2002（4）：130-133.

［60］方海燕，吴丹瑞. 黑土区农田防护林带对小流域土壤侵蚀和泥沙沉积的影响［J］. 陕西师范大学学报（自然科学版），2018（1）：104-110.

［61］付海风. 基于林业生态效益评估的林业经济发展研究：评《区域林业生态效益评估理论与实践》［J］. 林业经济，2021（10）：100.

［62］高函，吴斌，张宇清，等. 行带式配置柠条林防风效益风洞试验研究

[J]. 水土保持学报，2010（4）：44-47.

[63] 高懋芳，覃志豪，徐斌．用 MODIS 数据反演地表温度的基本参数估计方法 [J]. 干旱区研究，2007（1）：113-118.

[64] 高素华，叶一舫，宋兆民．利用 NOAA 卫星资料分析平原地区林木的温度效应 [J]. 林业科学，1991（2）：97-101.

[65] 宫伟光，向开馥，张国珍．三北防护林体系区域性生态效益评价研究（Ⅰ）：评价指标体系建立与评价方法 [J]. 林业勘查设计，1998（1）：55-58.

[66] 关文彬，李春平，范秀珍，等．京郊北藏乡防护林景观生态评价 [J]. 北京林业大学学报，2004（2）：25-30.

[67] 郝宏．黑龙江省西部防护林体系优化模式研究 [D]. 哈尔滨：东北林业大学硕士学位论文，2001.

[68] 郝可心，肖辉杰，辛智鸣，等．河套灌区农田防护林网内土壤季节性冻融过程及水盐运移 [J]. 水土保持学报，2022（1）：231-237.

[69] 吉林省土壤肥料总站．吉林土壤 [M]. 北京：中国农业出版社，1998.

[70] 吉书琴，陈鹏狮，张玉书．水稻遥感估产的一种方法 [J]. 应用气象学报，1997（4）：125-128.

[71] 江东，王乃斌，杨小唤，等.NDVI 曲线与农作物长势的时序互动规律 [J]. 生态学报，2002（2）：247-252.

[72] 江东，王乃斌，杨小唤．中国粮食作物卫星遥感估产的研究 [J]. 自然杂志，1999（6）：351-355.

[73] 姜凤岐，徐吉岩，付梦华，等．应用"数字图像处理法"测定林带疏透度 [M] //向开馥．防护林研究．哈尔滨：东北林业大学出版社，1989.

[74] 姜凤岐，周新华，付梦华，等．林带疏透度模型及其应用 [J]. 应用生态学报，1994（3）：251-255.

［75］姜凤岐，朱教君，曾德慧，等．防护林经营学［M］．北京：中国林业出版社，2003.

［76］姜凤岐，朱教君．防护林阶段定向经营研究Ⅰ．理论基础［J］．应用生态学报，2002（10）：1352-1355.

［77］焦险峰，杨邦杰，裴志远，等．基于植被指数的作物产量监测方法研究［J］．农业工程学报，2005（4）：104-108.

［78］孔东升，金博文，金铭，等．黑河流域中游农田防护林小气候效应［J］．干旱区资源与环境，2014（1）：32-36.

［79］黎夏．形状信息的提取与计算机自动分类［J］．环境遥感，1995（4）：279-287.

［80］李昕，郭杏芬，章依平，等．东北地区农田防护林的采伐更新［J］．辽宁林业科技，1991（1）：17-22.

［81］李召良，段四波，唐伯惠，等．热红外地表温度遥感反演方法研究进展［J］．遥感学报，2016（5）：899-920.

［82］李哲，张军涛．人工神经网络与遗传算法相结合在作物估产中的应用：以吉林省玉米估产为例［J］．生态学报，2001（5）：716-720.

［83］梁宝君．三北农田防护林建设与更新改造［M］．北京：中国林业出版社，2007.

［84］林业部三北防护林建设局．中国三北防护林体系建设［M］．北京：中国林业出版社，1992.

［85］刘纪远，张增祥，张树文，等．中国土地利用变化的遥感时空信息研究［M］．北京：科学出版社，2003.

［86］刘树华，张霭琛，朱廷曜，等．东北林网地区廊线分布和湍流输送特征［J］．地理学报，1994（2）：167-173.

［87］刘振华，赵英时．遥感热惯量反演表层土壤水的方法研究［J］．中国

科学.D辑：地球科学，2006（6）：552-555.

［88］柳钦火，辛景峰，辛晓洲，等.基于地表温度和植被指数的农业干旱遥感监测方法［J］.科技导报，2007（6）：12-18.

［89］马霭乃.遥感信息模型［M］.北京：北京大学出版社，1997.

［90］马浩，周志翔，王鹏程，等.基于多目标灰色局势决策的三峡库区防护林类型空间优化配置［J］.应用生态学报，2010（12）：3083-3090.

［91］毛克彪，覃志豪，施建成，等.针对MODIS影像的劈窗算法研究［J］.武汉大学学报（信息科学版），2005（8）：703-707.

［92］蒙继华.农作物长势遥感监测指标研究［D］.北京：中国科学院研究生院（遥感应用研究所）博士学位论文，2006.

［93］欧阳君祥.内蒙古赤峰市退化防护林改造更新研究［J］.中南林业科技大学学报，2015（9）：1-8.

［94］宋廷强，鲁雪丽，卢梦瑶，等.基于作物缺水指数的农业干旱监测模型构建［J］.农业工程学报，2021（24）：65-72.

［95］宋翔，庞国锦，颜长珍，等.干旱区绿洲农田防护林增产效益研究：以民勤绿洲为例［J］.干旱区资源与环境，2011（7）：178-182.

［96］苏子龙，崔明，范昊明.东北漫岗黑土区防护林带分布对浅沟侵蚀的影响［J］.水土保持研究，2012（3）：20-23+29.

［97］苏子龙，崔明，范昊明.基于东北漫岗黑土区坡耕地沟蚀防治的防护林带布局优化［J］.应用生态学报，2012（4）：903-909.

［98］隋洪智，田国良.热惯量方法监测土壤水分［M］//田国良.黄河流域典型地区遥感动态研究.北京：科学出版社，1990.

［99］孙浩，刘丽娟，李小玉，等.干旱区绿洲防护林网格局对农田蒸散量的影响：以新疆三工河流域绿洲为例［J］.生态学杂志，2018（8）：2436-2444.

［100］孙尚海，张淑芝. 应用耗散结构理论配置水保林体系及其效益研究
［J］. 中国水土保持，1995（4）：23-27.

［101］覃志豪. Zhang M H，Arnon K，等. 用陆地卫星 TM6 数据演算地表
温度的单窗算法［J］. 地理学报，2001（4）：456-466.

［102］王冰. 辽宁省沿海防护林体系生态效益评估［J］. 防护林科技，
2018（4）：60-61.

［103］王栋，肖辉杰，辛智鸣，等. 不同配置农田防护林对田间土壤水分
空间变异的影响［J］. 水土保持学报，2020（5）：223-230.

［104］王建，董光荣，李文君，等. 利用遥感信息决策树方法分层提取荒
漠化土地类型的研究探讨［J］. 中国沙漠，2000（3）：244-247.

［105］王鹏新，龚健雅，李小文. 条件植被温度指数及其在干旱监测中的
应用［J］. 武汉大学学报（信息科学版），2001（5）：412-418.

［106］王述礼，金昌杰，关德新. 沿海防护林体系热效应的遥感分析
［J］. 生态学杂志，1995（4）：1-5.

［107］王卫星，宋淑然，许利霞，等. 基于冠层温度的夏玉米水分胁迫理
论模型的初步研究［J］. 农业工程学报，2006（5）：194-196.

［108］王文彪，党晓宏，张吉树，等. 库布齐沙漠北缘不同作物秸秆平铺
式沙障的防风效能［J］. 中国沙漠，2013（1）：65-71.

［109］王晓慧，陈永富，陈尔学，等. 基于遥感和 GIS 的三北防护林工程
生态效益评价研究：以山西省中阳县为例［J］. 水土保持通报，2011（5）：171
-175+267.

［110］王宗明，张柏，张树清，等. 松嫩平原农业气候生产潜力及自然资
源利用率研究［J］. 中国农业气象，2005（1）：1-6.

［111］吴炳方. 全国农情监测与估产的运行化遥感方法［J］. 地理学报，
2000（1）：25-35.

［112］吴素霞，毛任钊，李红军，等．中国农作物长势遥感监测研究综述［J］．中国农学通报，2005（3）：319-322.

［113］吴文斌，杨桂霞．用 NOAA 图像监测冬小麦长势的方法研究［J］．中国农业资源与区划，2001（1）：154-158.

［114］徐海，夏焕柏．乌江流域坡耕地水保防护林体系建设技术研究［J］．土壤侵蚀与水土保持学报，1997（3）：17-22.

［115］徐新刚，吴炳方，蒙继华，等．农作物单产遥感估算模型研究进展［J］．农业工程学报，2008（2）：290-298.

［116］闫业超，张树文，岳书平．克拜东部黑土区侵蚀沟遥感分类与空间格局分析［J］．地理科学，2007（2）：193-199.

［117］杨邦杰，裴志远．农作物长势的定义与遥感监测［J］．农业工程学报，1999（3）：214-218.

［118］杨景梅，邱金桓．用地面湿度参量计算我国整层大气可降水量及有效水汽含量方法的研究［J］．大气科学，2002（1）：9-22.

［119］查同刚，孙向阳，于卫平，等．宁夏地区农田防护林结构与小气候效应［J］．中国水土保持科学，2004（4）：82-86.

［120］张峰，吴炳方，刘成林，等．农作物长势综合遥感监测方法［J］．遥感学报，2004（6）：498-514.

［121］张仁华，孙晓敏，朱治林，等．以微分热惯量为基础的地表蒸发全遥感信息模型及在甘肃沙坡头地区的验证［J］．中国科学（D 辑：地球科学），2002（12）：1041-1050.

［122］张仁华．以红外辐射信息为基础的估算作物缺水状况的新模式［J］．中国科学（B 辑：化学　生物学　农学　医学　地学），1986（7）：776-784.

［123］张树文，张养贞，李颖，等．东北地区土地利用/覆被时空特征分析

［M］. 北京：科学出版社，2006.

［124］张新乐，于微，邱政超，等. 基于作物倒伏遥感监测的农田防护林防风效能评价［J］. 灾害学，2018（2）：76-82.

［125］赵鑫，那晓东. 基于综合指标的农作物长势遥感监测研究：以松嫩平原为例［J］. 地理与地理信息科学，2022（4）：34-39.

［126］中华人民共和国国土资源部. 第二次全国土地调查技术规程［M］. 北京：中国标准出版社，2007.

［127］周新华，孙中伟. 试论林网在景观中布局的宏观度量与评价［J］. 生态学报，1994（1）：24-31.

［128］朱教君，姜凤岐，曾德慧. 防护林阶段定向经营研究 II. 典型防护林种：农田防护林［J］. 应用生态学报，2002（10）：1273-1277.

［129］朱教君，姜凤岐，周新华，等. 杨树林带树木分化与分级的研究［J］. 沈阳农业大学学报，1993（4）：292-298.

［130］朱金兆，贺康宁，魏天兴. 农田防护林学（第 2 版）［M］. 北京：中国林业出版社，2010.

［131］朱廷曜，金昌杰，徐吉炎，等. 区域防护林体系总体热效应的遥感分析［J］. 应用生态学报，1992（2）：126-130.

［132］朱文泉，潘耀忠，龙中华，等. 基于 GIS 和 RS 的区域陆地植被 NPP 估算：以中国内蒙古为例［J］. 遥感学报，2005（3）：300-307.